El arte de amar

El arte de amar

8 FUNDAMENTOS PARA NOVIAZGOS, Y MATRIMONIOS SALUDABLES.

REY MATOS

CASA CREACIÓN

Para vivir la Palabra

Para vivir la Palabra

MANTENGAN LOS OJOS ABIERTOS,
AFÉRRENSE A SUS CONVICCIONES,
ENTRÉGUENSE POR COMPLETO,
PERMANEZCAN FIRMES,
Y AMEN TODO EL TIEMPO.
—1 Corintios 16:13-14 (Biblia El Mensaje)

El arte de amar por Rey Matos
Publicado por Casa Creación
Miami, Florida
www.casacreacion.com
©2025 Derechos reservados

ISBN: 978-1-960436-94-8
E-Book ISBN: 978-1-960436-95-5

Edición: *Ofelia Perez*
Desarrollo editorial: *Grupo Nivel Uno, Inc.*
Adaptación de diseño interior y portada: *Grupo Nivel Uno, Inc.*
Copyright © 2025 Rey Matos
Todos los derechos reservados.

Impreso en Colombia
25 26 27 28 29 LBS 9 8 7 6 5 4 3 2 1

Dedicatoria

No puedo pensar en otra persona para dedicarle este libro. Primero, porque fuiste la persona que me mostró el camino de Dios a través de la palabra de tu testimonio. Amaste a Dios al punto que me inspiraste a creer que yo también aprendería a amarlo así. Por otro lado, me casé contigo y ahí descubrí que yo no sabía amar. Podía conocer los principios y fundamentos del amor, pero no sabía aplicarlos. Tu ejemplo de amor incondicional me mostró el camino. Descubrí a través de tu pureza de corazón, que para crecer en el amor tenemos que sanar primero; me acompañaste en ese proceso...

Finalmente, amada Mildred, te dedico este libro porque a través de ti me encontré con la benevolencia de Dios. El haberme casado contigo me ayudó a madurar y a crecer espiritualmente. Contigo aprendí que la intimidad sexual es más espiritual de lo que yo pensaba; ¡y qué mucho lo hemos disfrutado! Nuestros hijos y nietos son fiel testimonio del fruto del amor diseñado por Dios. Anhelo con todo mi corazón que las nuevas parejas cuyo vínculo principal sea Cristo, disfruten de una relación fuerte y duradera para lograr darle descendencia a Dios. ¡Sean benditas todas nuestras generaciones!

Agradecimientos

No puedo poner estos agradecimientos por orden de importancia porque en realidad sería imposible. Lo que expreso sale de mi corazón, no para un grupo de personas, sino para cada persona que en realidad sembró una semilla, puso un fundamento en mi vida, aportó en alguna manera directa o indirectamente, para que este libro fuese publicado.

Primeramente, quiero agradecer profundamente a mi Señor Jesús por todo lo que me ha enseñado. Ha usado al Espíritu Santo para revelarme cosas tremendas que me han dejado asombrado. No tengo estudios en teología, ni en psicología y nada parecido; pero la sabiduría contenida en este libro es producto de las grandes lecciones de vida que Él me ha dado. ¡Gracias, Jesús!

Quiero agradecer a los Profetas Helen Roche, Amarilis Silva, Ángel Báez, Eduardo Elmasian; y otros que lamento no recordar sus nombres, que me dieron palabras proféticas que en su tiempo eran increíbles. Ellos debieron tener fe de verdad para poderlas declarar; pero fueron cumplidas,

Palabra por Palabra, hasta el día de hoy. ¡Bendito sea el Señor Jesucristo!

Quiero agradecer al Pastor Andrés Corson, de la Iglesia El Lugar de Su Presencia, de Bogotá, Colombia. Él me invitó a predicar a las ocho reuniones de Adoración de su Congregación, y me pidió un mensaje diferente para cada una de ellas. Así tuve la oportunidad de recorrer por la Biblia los conceptos de noviazgo y matrimonio cristianos. Este libro recoge las enseñanzas de ese glorioso fin de semana. Gracias, Andrés, por confiar en mí y concederme tu amistad. Rocío y tú son una bendición para el Cuerpo de Cristo de todo el mundo. ¡Los amo!

Agradezco en especial a Sergio Daldi, presidente de la Editorial Casa Creación, por valorarme tanto como autor y siempre darme oportunidades de seguir publicando. El haber logrado este libro te lo debo a ti. Gracias por tu respeto, por ser tan sensible a escuchar mis recomendaciones, haciendo un balance entre tu profesionalismo de excelencia y el tratar de complacerme. ¡Eres un éxito!

Tengo que agradecer en el alma a mis compañeros de ministerio Pastoral de nuestra Congregación UNO Church (Efraín Soto, Johnny Beauchamp y Juan Carlos Rosa). Ellos han respetado mucho mi llamado a las naciones, y gracias a ellos, tengo las oportunidades de escribir y viajar para llevar este mensaje de familia hasta los confines de la Tierra. Gracias por cubrirme y muchas veces "batear de emergentes", dando tremendas carreras de "home run" con sus predicaciones y muy acertadas decisiones. A mis hermanos discípulos de UNO Church, gracias por su paciencia y por compartirme con el Cuerpo de Cristo.

Beba, nuestra hija espiritual adoptiva; cómo dejarte fuera, si eres la hermana mayor de nuestros hijos, la Tití de nuestros nietos, mi coordinadora de agenda, nuestra agente de viajes, nuestro enlace con las iglesias, nuestro chofer oficial en cada viaje. Eres la resuélvelo todo de nuestro Ministerio... no sé cómo lo haríamos sin ti. Muchas gracias por sacrificarte tanto por nosotros.

Quiero agradecer a mi familia; a mi mamá Beby, por ser la primera en ver todo lo que Dios haría con tu hijo y por tus incesantes oraciones; a mi papá Rey, por vivir orgulloso de mí; a mi esposa Mildred, por su apoyo incondicional y por haberme acompañado durante este largo camino de más de 52 años pastoreando; a mis hijos, Rey Francisco y su esposa Iris, Frances Areli y su esposo Edward. Juntos hemos construido un legado; gracias a todos por ayudarme a extender el puente del Reino en nuestra familia.

Noah Leví, Rei Yitzahk, Valeria Zoé y Jayson Dariel, mis amores, nietos de quienes estoy sumamente orgulloso, gracias por amar a Jesús, gracias por adorar al Padre, gracias por caminar en el Espíritu; y honrar con sus vidas el testimonio de Cristo en nuestra familia. Además, tengo una familia extendida, todos creyentes nacidos de nuevo, que han bendecido mi vida enormemente; me honran y me respetan más allá de lo que merezco. Son tantos, que lamento no poder mencionarlos a todos.

¡Gracias a todos, gracias; que Dios los bendiga y recompense con su gracia y favor!

Índice

Prólogo

Sentirse enamorado de otra persona despierta emociones muy intensas. Llegamos a pensar que esos sentimientos son suficientemente fuertes como para querer pasar el resto de nuestros días junto a esa persona. Si hay una respuesta favorable, el noviazgo es el próximo paso obligatorio. El sentido de bienestar y alegría que producen las endorfinas, que algunos han llamado las hormonas del amor, es maravilloso. El entusiasmo está a flor de piel. Todos a nuestro alrededor se dan cuenta que algo nos ocurre. Hasta llegamos a olvidar la advertencia del autor de Cantares: "

"...no despertarán al amor hasta que llegue el momento apropiado".
—Cantares 2:7, NTV

Sin embargo, no solo debemos esperar el momento apropiado, debemos esperar por la persona apropiada. Esa será la segunda decisión (la primera tiene un nombre: Jesús) más importante en la vida. No es la carrera universitaria, laboral o ministerial; es, sin dudas, con quién te vas a casar.

Con los años aprendí que una mujer de visión limitada puede limitar al varón. No importa el llamado, las capacidades o los talentos que un hombre puede tener, si su esposa es de visión limitada, su desarrollo y su impacto serán limitados. También aprendí que la mayor fuerza inspiradora de una mujer relevante en el Reino es el amor de Cristo recibido por medio de su esposo; y una mujer inspirada por el amor de Dios en su marido, se vuelve una fuerza propulsora que, a su vez, impulsa a su esposo al desarrollo pleno de sus capacidades y de su llamado. Será un hombre:

"...bien conocido en las puertas de la ciudad, donde se sienta junto a los líderes del pueblo".
—Proverbios 31:23, NTV

De recién casado pensaba que todo el amor que sentía por Anabel era suficiente "combustible" para el resto de nuestro viaje. No había pasado mucho tiempo cuando tuve que ser honesto conmigo mismo; las hormonas del amor no eran suficientes: "Necesito aprender a amar a mi esposa; Señor enséñame a amarla". Esa oración ha sido constante en mis treinta años de casado.

El amor que traje al matrimonio no era suficiente. Un amor muy emocional, natural y terrenal; era egoísta. Era el amor del noviazgo, iluso, ingenuo, viciado de pasiones y de asuntos de la infancia no resueltos.

Ahora, me hacía sentido lo que por años escuché al autor de este libro enseñar, necesitaba aprender a amar a mi esposa, "...como Cristo amó a la Iglesia..." (Efesios 5:25, RVR 1960). Lo que literalmente oí a Rey decir, "un bautismo de amor". El amor natural por Anabel no era suficiente para inspirarla y que ella a su vez me impulsara.

Tanto mi esposa como yo hemos tenido a nuestro favor la enseñanza y el modelaje de nuestros pastores. Por cuarenta años he sido testigo de cómo el amor de Rey por Mildred se renueva y se perfecciona en cada temporada que viven. Él ha aprendido a amarla con el amor de Dios; ella lo ha impulsado en todos los aspectos de su vida. Él ha sido un hombre de éxito y ella, una mujer virtuosa.

En el proceso de aprender a amar a mi esposa el Espíritu Santo fue mi mejor aliado. No solo consolaba mi frustrado corazón en los intentos fracasados por hacerlo bien; el Espíritu me revelaba a Cristo amando la Iglesia como Su estándar. Me enseñaba que amar de esa manera no era para hombres cobardes y egoístas; pues el amor de Dios es sufrido. El amor de Cristo por la Iglesia le generó dolor y sufrimiento. Cristo "...se despojó a sí mismo..." (Filipenses 2:7, RVR 1960). Despojarse en griego es "Kénosis", vaciamiento. De manera que el hombre debe vaciarse a sí mismo para poder amar a su esposa con el amor de Cristo.

En el año 2017 Anabel fue diagnosticada con cáncer de mama. Pasó por un proceso muy duro de recuperación. Durante ese tiempo, mi hija Ana Gabriela y yo estuvimos muy cerca de ella. Allí descubrí cuánto había aprendido a amarla. Recuerdo que en una de las tantas veces que la ayudé a bañar y a curar la herida que le dejó la mastectomía del seno derecho, meditaba en mi corazón y le cuestionaba al Señor para qué tanto sufrimiento. Pude sentir el Espíritu Santo hablar a mi corazón: "Estoy haciendo lo que me pediste; estás amando a tu esposa".

Estimado lector, delante de ti no tienes otro libro más de noviazgo, matrimonio o sobre la temática del amor. Tienes en tus manos el consejo sabio de un hombre experimentado en el arte de amar, que junto a su esposa han peregrinado por cincuenta años todo un camino de aprendizaje y de experiencias ricas en conocimiento y sabiduría. A mi consideración, no todos tienen la autoridad y bagaje para abordar estos temas, como este autor.

Con un lenguaje claro, sencillo y poderoso, como suele comunicarse el Pastor Rey, este libro no solo será de beneficio para ti y para tu matrimonio, sino para tus próximas generaciones. Así que bienvenidos a la escuela de *El Arte de Amar*.

Pastor Celso J. Pérez (Popín)
Jarabacoa, RD

Introducción

No recuerdo cuándo comenzó mi interés de ayudar a las parejas a resolver sus conflictos y reconciliar diferencias. Lo que sí recuerdo durante mi infancia es estar escondido detrás de los muebles de cualquier lugar donde mis padres estuvieran discutiendo, para escuchar la "pelea" con mucho detenimiento, analizar los argumentos de cada uno y llegar a mis propias conclusiones de quién tenía la razón ó cuál debió haber sido la mejor forma de manejar esa diferencia en particular.

Recuerdo el pánico que me daba el solo pensar que mis padres se separaran o peor aún, que se divorciaran. Yo podía concebir que los padres de mis compañeros de escuela se divorciaran, ¿pero los míos? ¡Jamás! Por difícil que fuera la relación de mis padres, esa desgracia no podía ocurrir en nuestra familia. Mi mamá tenía un pequeño closet en la casa donde armó un altar con figuras de vírgenes y santos; donde yo en ocasiones, me iba de rodillas a decirle a toda esa "gente" que, si alguno de ellos podía ayudar a mis padres, que, por favor, lo hicieran pronto antes de que fuera tarde.

Sin darme cuenta de cómo ni cuando, mis compañeros en la escuela comenzaron a reconocer "algo" en mí, razón por la cual me buscaban para pedirme consejos con respecto a sus noviazgos y sus crisis emocionales. Desarrollé la habilidad de escuchar y la empatía para ayudarles a resolver.

Mis padres se mudaron de ciudad y recuerdo llegar a la nueva escuela intermedia y ser acomodado en el salón de clase que me correspondía; allí estaba Mildred, el centro de atención; chispeante y jovial, extrovertida y muy segura de sí misma. Me enamoré a primera vista. La pretendí, pero me informaron que había un chico en la escuela que ya le había "pedido el sí"; o sea, ya le había preguntado si quería ser su novia. Lo busqué y le informé que yo también estaba interesado en ella; pero que yo iba a respetar la decisión que ella tomara. Bueno, pues Mildred le dio el "Sí" al muchacho, y yo me quedé como su compañero de salón de clase, y nada más que amigos.

Mildred y su novio comenzaron a tener dificultades en la relación de noviazgo, y ella le pedía consejos ¿a quién?, *¡a su mejor amigo, Rey!* ¡Jajaja! ¡Sí, ríanse! No era lo que están pensando... Fui muy honesto y le di buenos consejos de qué hacer. ¡Pero, *"yo no tengo la culpa de que no resultara"*!

Nuestra "amistad" siguió fortaleciéndose hasta que ella me dijo: "¿Sabes, Rey? Yo no estoy enamorada de ti, pero te mereces ser mi novio. Te acepto como tal para que te des cuenta de que esta relación no va para ningún lado.

Tú eres como el hermano varón que yo nunca tuve." ¡Qué horrible! ¿Se imaginan?

Pero, no me importó; ¡pensé que con el tiempo ella se enamoraría de mí... y así fue! De manera que nuestra relación comenzó a desarrollarse y a madurar; y todo en un ambiente de orden moral y abstinencia sexual, siendo nosotros inconversos que no asistíamos a ninguna iglesia. Siempre pensé que yo quería respetarla y llevarla virgen al matrimonio. Yo tenía muy claro en mi mente que honrar a una mujer es nunca invadir su cuerpo; y que eso es parte de lo significa ser hombre.

Entonces, llegó el día que Mildred tuvo un encuentro con Dios. Un grupo de jóvenes cristianos radicales se reunieron frente a la escuela superior donde nosotros estudiábamos. Nos quedaban solo unos meses para graduarnos y pasar a la Universidad. Llevaron música moderna y predicaron el Evangelio de Jesucristo y allí en plena calle, Mildred le rindió su vida a Cristo. Cuando regresa a su casa, me llama: "Rey, por favor, ven a verme a mi casa; tengo que contarte..."

Cuando llegué y le vi el rostro, supe que algo extraordinario le había acontecido. Le dije: *"¡Mildred! ¿que te pasó?".* Su respuesta fue clara: *"Le di mi vida a Cristo; me convertí al Señor y le entregué mi vida a Dios".*

Mi respuesta fue: "Wow, Mildred... ¡tanto nadar para morir en la orilla! ¡No puede ser! ¡No puedo aceptar que te hayas convertido en una... aleluya! ¡Tienes que decidir entre Cristo o yo!" *¡BUM!* Ella se quedó fría. Lo pensó... pero eventualmente me dijo: *"¿Sabes? He llegado a enamorarme de ti; y por eso ahora me vas a obligar a romperme* *el corazón, porque te amo; pero ¡si esa es la condición para nosotros continuar nuestra relación... hasta la vista! ¡Porque tú nunca podrás darme lo que ya Cristo me dio! ¡Su Salvación! Estoy feliz de haberle entregado mi vida a Jesús."*

Obviamente, yo también estaba enamorado de ella y no quería perderla; así que tuvimos que negociar... ¡Claro! No había muchas opciones; así comencé a acompañarla a la Iglesia. A la tercera, me sentí tan miserable, que tuve que preguntarme por qué me sentía así. Le pedí ayuda a Dios para tomar la decisión de entregarle mi vida. Antes de que pudiera percatarme de lo que estaba ocurriendo conmigo, estaba frente al "altar" confesando mis pecados e invitando a Cristo a mi corazón. ¡Fue poderoso!

Mildred y yo ahora servíamos a Dios juntos... Por un tiempo, paramos nuestra relación procurando crecer espiritualmente y madurar nuestra fe. Eventualmente volvimos y desde entonces, profetas, pastores y gente de Dios nos hablaban de lo bendecidos que seríamos y lo mucho que seríamos utilizados por Dios para bendecir a las naciones. Nunca lo creímos, ni siquiera planificamos para eso. Completamos nuestras carreras universitarias para entrar en el campo laboral y casarnos. Así sucedió el 9 de octubre de 1976, en medio de un avivamiento espiritual entre jóvenes, que se hizo histórico y arropó toda la isla de Puerto Rico.

¿Dónde quiero dejar esta introducción? En el comienzo de nuestro matrimonio. Recién casados, llenos de ilusiones personales y ministeriales, llenos de fe y envueltos en esa nube de la Presencia de Dios; aunque usted no lo crea, Mildred y yo comenzamos a vivir crisis en nuestro matrimonio. No podíamos congeniar nuestros caracteres;

había un choque de culturas familiares de nuestra infancia que parecía que nos hacían incompatibles.

Fue muy difícil para ambos; oramos mucho y tuvimos que humillarnos mucho para ceder nuestros respectivos criterios. Nos hicimos sensibles a la voz del Espíritu Santo, al consejo bíblico y comenzamos a obedecer Sus instrucciones. Tuvimos que morir, tener largas conversaciones y buscar ayuda en otras parejas a nuestro alrededor. El nacimiento de nuestra primogénita me transformó la vida. De ahí en adelante, el amor por nuestros hijos nos hizo luchar y perseguir la meta de lograr la armonía que exige la Palabra de Dios para Él poder cumplir con la promesa de enviar bendición y vida eterna. (Ver Salmo 133)

¡Señores! ¡Eso es lo que estamos viviendo y es lo que anhelamos que ocurra con todo aquel que lea este libro... Dios te bendiga!

Fundamento 1

Una fe radical

Una fe radical

No os unáis en yugo desigual con los incrédulos; porque ¿qué compañerismo tiene la justicia con la injusticia? ¿Y qué comunión la luz con las tinieblas? ¿Y qué concordia Cristo con Belial? ¿O qué parte el creyente con el incrédulo?

—2 Corintios 6:14-15

El matrimonio es un tema que a mi esposa Mildred y a mí nos encanta.

Si eres casado, no hay duda de que este libro es para ti. Si no lo eres, me parece muy sabio que lo estés leyendo, porque cuando mejor nos preparamos para el matrimonio es cuando todavía no estamos enlazados a través de él. Es por eso por lo que en este primer capítulo voy a hablar sobre cómo escoger bien a tu cónyuge.

Si lees con atención el siguiente versículo de Malaquías, notarás que Dios considera una profanación el que un hijo del rey se case con una hija de un dios extraño. Es impresionante:

Prevaricó Judá, y en Israel y en Jerusalén se ha cometido abominación; porque Judá ha profanado el santuario de Jehová que él amó, y se casó con hija de dios extraño. Jehová cortará de las tiendas de Jacob al hombre que hiciere esto, al que vela y al que responde, y al que ofrece ofrenda a Jehová de los ejércitos.

—Malaquías 2:11-12

Luego viene esta tremenda promesa dada a Abraham:

Y Jehová dijo: ¿Encubriré yo a Abraham lo que voy a hacer, habiendo de ser Abraham una nación grande y fuerte, y habiendo de ser benditas en él todas las naciones de la tierra? Porque yo sé que mandará a sus hijos y a su casa después de sí, que guarden el camino de Jehová, haciendo justicia y juicio, para que haga venir Jehová sobre Abraham lo que ha hablado acerca de él.

—Génesis 18:17-19

Queda definido en este pasaje de Génesis que la razón por la cual Dios bendijo a Abraham con tan grande promesa es porque él se encargaría de pastorear a sus hijos, de enseñarles el camino del Señor, pero no se limitaría solo a eso, sino que también él sería el tipo de padre que se convertiría en un patriarca. De tal manera que Él pastorearía y les enseñaría el camino del Señor aun a los hijos de sus hijos. Por eso Dios dice: *"¿Encubriré yo a Abraham lo que voy a hacer?"*, o como dice en otra versión: *"¿Ocultaré mis planes a Abraham?"* (NTV). Esa es la razón por la cual todas las familias de la tierra que sean como él, serán benditos con la misma bendición con que él fue bendecido.

En nosotros se da el cumplimiento de esta promesa. La Escritura dice que todos aquellos que establezcan una familia como la estableció Abraham, serían benditos en él, y todas las familias de la tierra que reproduzcan una familia conforme a la fe de Abraham, serían bendecidos con las mismas promesas con las que Abraham fue bendecido.[1]

Dios nos ha llamado a ser pastores de nuestros hijos; ese es el llamado que Dios le hace a todo el que se quiere casar y va a procrear hijos. Al ser así, caben las siguientes preguntas:

- ¿Quién será aquella persona que me acompañará en la maravillosa tarea de pastorear a mis hijos cuando los tenga en el futuro?
- ¿Quién me va a acompañar a pastorear a mis nietos para que aprendan a amar a Dios y a seguir sus caminos?
- ¿Quién será la persona que pueda ayudarme realmente a cumplir con esa gran responsabilidad que el llamado nos exige?

Ese hombre, esa mujer, debe tener el espíritu correcto. Esa persona debe tener la pasión, la fe y la visión necesarias para vivir y enseñar los caminos del Señor, y así impregnar el testimonio de Jesús en el corazón de las próximas

---

1. Ver Génesis 12:3, 22:18, 26:4, 28:14.

generaciones. En otras palabras, si ponemos esa premisa delante de nosotros, tenemos un filtro, una manera de pensar, que nos va a ayudar a entender cuál debe ser ese proceso de selección.

No existe un solo plan para la paternidad, y la razón por la que escribo esto es porque no solamente hay solteros buscando a alguien para casarse; también hay personas que por alguna razón en su vida sufrieron la pérdida de su matrimonio. Estamos hablando de mujeres y hombres divorciados que quieren ir a unas segundas nupcias, y quieren la bendición en esa segunda oportunidad. Cuando eso ocurre, debes tomar las cosas con mucho cuidado, porque el hombre, o la mujer que se va a unir a ti en estas segundas nupcias, tiene que ayudarte a pastorear a tus hijos. Tiene que ayudarte a cumplir con el propósito de Dios para los padres y los hijos.

En el caso de las mujeres divorciadas o madres solteras, significa que, quien entre ahora a tu hogar, se tiene que convertir en el papá de tus hijos. Algunos dirán, "esos niños ya tienen papá". Eso es cierto, pero en ocasiones es papá "a control remoto", y así ningún hombre puede ser un papá efectivamente. Puede tratar de serlo, pero no lo puede ser del todo, por lo tanto, el hombre que viva contigo en tu casa se tiene que convertir en el papá de tus hijos.

Ahora tus hijos tienen el privilegio de tener a dos papás, de manera que es sumamente importante que las relaciones que se hayan establecido sean relaciones de respeto y armonía para que este principio se pueda cumplir.

En conclusión, para que tus hijos puedan aceptar la paternidad de tu nuevo compañero, o la maternidad de tu nueva compañera, debes tomar en consideración la disponibilidad de tu nueva pareja para ganarse el corazón de tus hijos. Una mujer soltera necesita tiempo para evaluar a un candidato, pero una mujer que ya es mamá tiene que tomarse más tiempo aún que una soltera, porque no solamente él tiene que enamorarte a ti, también tiene que enamorar e impresionar bien a tus hijos, porque eventualmente se va a convertir en segundo papá de ellos.

Es importante entender que Dios es glorificado en la unidad de la gente. Cada vez que hay unidad en un lugar, el Espíritu de Dios se presenta y se glorifica, y dondequiera que haya personas unidas en amor, invocando el nombre de Cristo, allí se va a manifestar Dios. ¡Allí habrá un avivamiento!

Si eso es lo que tú quieres para esta nueva oportunidad de restaurar tu vida como hombre o mujer casados, es importante asegurar que desde un principio haya unidad; que tanto tú como tus hijos acepten a esta persona que se incorpora íntimamente a la familia.

Si la persona con la que estás teniendo una relación no representa aquella que puede ayudarte a cumplir con los propósitos de Dios para tu vida, tienes que plantearte una pregunta: ¿Estaré dispuesto a negarme a mí mismo con tal de seguir a Cristo y que sus propósitos sean cumplidos en mi vida?

> **Dios es glorificado en la unidad de la gente.**

LA "MALA" NOTICIA: ¿CRISTO EN EL MEDIO?

Cuando Mildred, mi esposa, se convirtió a Cristo y me llamó para darme la noticia, ya nosotros éramos novios, ¡y para mí fue una mala noticia! A mí no me gustaba la iglesia, ¡los evangélicos me caían mal! Los veía levantando las manos, llorando... yo no me llevaba con esa ridiculez. La cuestión era que a mí no me caía bien el asunto. ¡Y ahora me encanta levantar las manos y llorar! Pero en aquel momento yo no conocía las razones por las cuales los evangélicos hacían esas cosas.

Yo luché mucho por Mildred, ella estuvo dos años diciéndome que no. ¡Fueron dos años pretendiéndola! Ella me decía: "No quiero ser tu novia, tú eres mi amigo, mi mejor amigo". Yo decía, "pero Mildred, yo estoy enamorado de ti", y ella me contestaba, "no dañes nuestra relación, tú eres el hermano que yo nunca tuve". ¡Qué horrible se escucha eso! Así que estuvo la gota dándole en la piedra hasta que le hizo un hueco... y recuerdo el día que Mildred me dijo que sí: "Mira, Rey, vamos a hablar... yo no estoy enamorada de ti, pero te mereces ser mi novio". En otras palabras: "Eres un buen candidato, y te voy a dar la oportunidad a ver qué pasa".

El asunto es que la chica se enamoró, pero —como te dije líneas atrás— ocurrió un terrible hecho... y fue que se convirtió a Cristo. Cuando ella me llama, yo le digo: "Mildred, ¿sabes lo que es que yo luché por ti dos años, para que ahora se dañe esto? ¡Tanto nadar para morir en la orilla!". Traté de apartarla del Señor y seguí invitándola a los bailes (porque ella es una mujer bien sanguínea y le encantan los bailes), pero ella no quería, y le preguntaba, "¿por qué?". Y no sabes lo que me respondía... "Porque quiero tener una velada con Jesús y voy a estar en mi habitación esta noche con Él, y voy a cantarle y adorarle".

Yo decía, "¡Dios mío, se volvió loca"!

El punto es que un día me envalentoné y le dije: "Mildred, escúchame... ¡tú vas a tener que decidir entre Cristo o yo! Tienes que tomar una decisión porque ya me he dado cuenta de que las dos cosas no congenian".

Ella me miró triste y me dijo: "¿Sabes? Me voy a romper mi propio corazón porque estoy enamorada de ti, y quisiera seguir esta relación, pero si tú me pones a escoger entre Cristo o tú... 'bye bye, baby'. Yo no pienso negociar mi salvación ni pienso negociar mi fe, porque lo que Cristo ya me dio, jamás tú me lo podrás dar".

Suena bien hoy, y hasta dan ganas de reír, pero cuando una mujer es tan emocional —porque las mujeres son así, bien sentimentales y profundamente emocionales— y debe tomar una decisión así estando enamorada, ¡estamos hablando de una decisión de muerte!

Debes negarte a ti misma y tomar una cruz de dolor. Esa persona te gusta, te enamoraste y te parece que es un buen candidato, pero si representa una amenaza para los propósitos de Dios en tu vida, atrévete a negarte a ti misma y renuncia a tu Isaac. Hazlo con determinación, hazlo con fe, creyendo que Dios puede levantar a otro Isaac aún desde las piedras. Aun si estuviese muerto, Dios lo puede resucitar.

Mildred me dio el tajo, ¡me sentía morir! Pero yo le dije: "Mildred, vamos a negociar esto, porque me parece que estamos siendo muy drásticos". Había algo en mi inconsciencia que me hacía sentir tan atraído... ¿Sabes qué era? Era ver a una mujer enamorada de Dios y radicalmente decidida a servir al Señor cueste lo que le cueste.

Ese tipo de fe se convierte en sal para el que no conoce a Cristo. Provoca hambre, provoca sed en aquellos que no conocen a Jesús. La fe y la determinación de ella me llevaron a pensar que yo tenía un problema. Descubrí que Dios no me había hecho ningún daño, que yo no tenía por qué estar prejuiciado contra la Iglesia y contra Cristo, razón por la cual acepté las invitaciones que Mildred me hizo.

EL REBELDE CONVERTIDO

En la primera reunión me sentí muy mal. En la segunda reunión me sentí peor. En la tercera reunión me sentí tan miserable que me convertí a Cristo ese día. Fue una experiencia tan poderosa el día que conocí a Jesús, que ese día mi vida fue revolucionada, transformada. Ese día comprendí lo que era la salvación y lo que era la eternidad. Bendito sea Dios, mi vida cambió radicalmente.

Un creyente en este tiempo debe tener convicciones fuertes y radicales, y caminar abrazado a esas convicciones; y tomar decisiones no emocionales, no lógicas, ni siquiera inteligentes, sino decisiones de fe amarradas a la verdad revelada por Dios. Aunque no tenga sentido ni lógica, todo aquel que se amarra radicalmente a las verdades de Dios nunca será defraudado, porque Dios honra a los que le honran.

Cuando el cristiano no vive así y comienza a hacer vínculos con el mundo, se confunde, porque la verdad solamente es revelada en un lugar de gente radical, y en aquellos contextos donde la verdad se ve claramente y no está mezclada con grises.

El reino de los cielos es blanco o negro. El mundo de hoy ha convertido el evangelio en muchos tonos grises, pero cuando el evangelio vuelve a convertirse en algo blanco y claro, diáfano como el agua, los incrédulos que en el fondo tienen hambre de Dios comienzan a descubrir la verdad, porque la verdad queda claramente visible cuando hay cristianos que viven el evangelio radicalmente.

Yo no puedo imponerle a nadie mi estilo de vida en Cristo, ni debo hostigar a nadie con el evangelio, pero sí puedo influenciarlo y llevar a muchos a los pies de Cristo manteniendo consistentemente mi vida en el orden del Reino de Dios, aunque el mundo se me oponga y me critique.

DIOS HONRARÁ TU FE

Cuando yo trabajaba en una empresa farmacéutica antes de estar en el pastorado a tiempo completo, inmediatamente entré al mundo de la alta gerencia. En ese mundo gerencial hay mucho de relaciones públicas, hay muchos momentos

> La verdad solamente es revelada en un lugar de gente radical.

de socializar, y la competitividad allí los invita a arrancarse la cabeza.

Estaba yo en uno de esos momentos de socializar debido a que el presidente de la compañía de Estados Unidos venía a Puerto Rico. La alta gerencia teníamos que reunirnos con él en un restaurante. Allí podías ver a todos mis compañeros que estaban muy cerca del presidente de la compañía, rodeándolo, tratando de hablar con él y haciéndose notar como podían.

Todos tenían un vaso con licor, entre ellos también había algunos cristianos. Yo creo que ellos pensaban que, como el jefe bebe, para congraciarse con él, la idea era impresionarlo como hombres que también bebían licor. Yo estaba con mi jugo de naranja, y como había tanto afán por exponerse ante el jefe, me quedé a un lado, me senté solo y seguí tomando mi juguito buscando una oportunidad para acercarme al jefe, saludarlo y compartir con él.

Pero en un momento el jefe, rodeado de gente, comienza a mirar a su alrededor y me descubre. Se abre paso entre la gente, se me acerca y me saluda. Todos mis compañeros gerenciales que estaban tratando de darle la mano al jefe estaban sorprendidos. Yo me pongo de pie y lo saludo, y el jefe me dice: "¿Me puedo sentar con usted?". "¡Claro, un honor, siéntese!", y comenzamos a compartir.

Allí él me dijo: "¿Sabe algo? Yo estoy observándolo todo, y me doy cuenta de que la única persona que está aquí con un vaso que no contiene licor es usted. Sé que usted es cristiano, pero también tengo conocimiento de que hay otros compañeros suyos que lo son también, sin embargo, ellos están allí con un vaso de licor, comprometiendo sus principios con tal de congraciarse conmigo".

Él siguió diciéndome: "Yo no soy un buen ejemplo de cristiano, pero me gusta la gente que es diferente, que tiene principios y no los negocian. Así que hoy quiero decirle algo que voy a anunciar luego a los demás: usted se va a convertir en mi sustituto. Lo voy a adiestrar desde ahora para que usted tome mi lugar".

Pienso que, si yo hubiese utilizado las artimañas del mundo para tratar de competir y posicionarme, ¿dónde hubiese quedado parado en aquella oportunidad? Seguro que, en el mismo lugar, como todos los demás. Pero nosotros tenemos que atrevernos a ser diferentes, a tomar decisiones radicales y ser nosotros, tal como Dios nos llamó, porque Él nos llamó para un orden particular, y nos llamó para un propósito en esta vida y la venidera.

Trabajando en la corporación, mis compañeros me criticaban, en ocasiones se mofaban de mí porque yo era diferente, porque yo le servía al Señor y no estaba con ellos. Pero un día hubo una crisis en la compañía: una empleada murió en el momento del parto. Todos los empleados estaban muy tristes, y en la línea de producción las mujeres que estaban allí comenzaron a llorar y algunas a desmayarse. Aquello fue un caos, tuvieron que parar la línea de producción. Los jefes llegaron y trataron de poner orden, pero era una gran histeria colectiva.

En un momento, llamaron a Rey Matos... "Rey, pon orden, necesitamos ayuda". Así que entré a aquel salón de producción que era enorme, y vi una gran cantidad de personas, algunas en el piso y llorando, y otras desmayadas. Yo me dije: "¡Oh, Dios! ¿Qué hago aquí? ¿Qué hago, Señor? ¿Qué hago, Dios mío?".

Recuerdo que había una mujer cerca de mí, me puse de rodillas a su lado, le puse la mano y dije: "Señor, dale paz, bendícela y dale tranquilidad". La señora inmediatamente se incorporó, se secó las lágrimas y me dio un abrazo. Entonces empecé a orar, y seguí orando... y de momento se formó una campaña, una cosa impresionante en medio de la compañía. ¿Sabes qué pasó? Aquellas mismas personas que me ridiculizaban por ser tan radical, tuvieron que reconocer que Dios camina conmigo.

Yo no me considero la persona más espiritual del mundo, pero a partir de los principios de Dios aprendí a ser radical, me atreví a ser diferente y a tomar decisiones que posiblemente afectarían mi futuro desde el punto de vista humano, mis probabilidades de progreso, pero eso no me importaba.

Te comparto estas cosas con la única intención de que entiendas que necesitamos desarrollar una mentalidad radical si queremos tener una familia que dignifique el evangelio de Jesucristo en tiempos de apostasía, como el que estamos viviendo ahora mismo.

Hay algunos que dicen, "pero, pastor, uno no puede ser tan estricto, porque también hay procesos que Dios los va haciendo en el camino". Eso suena bien, pero ten en cuenta algo: yo he visto a muchos cristianos que después de casados han perdido aquella unción y ese gozo tan hermoso que tenían. Sí, se casan y dejan de estar comprometidos con el Señor y con la obra de Dios. ¿Sabes por qué? Porque se vincularon con una persona que no tiene la misma pasión y visión que ellos. Así levantan hijos en un ambiente dividido, de criterio diverso y polarizado.

Yo les he dicho a esas personas: "Si tú honras a Dios siendo radical, y Dios tiene que buscarte un compañero en Marte o en Saturno, Él lo va a traer, porque Dios tiene un especial interés en que la gente forme familias con el mismo corazón con que Abraham formó la suya. La promesa de Abraham está latente, y está para todo el que la quiera: en él serán benditas todas las familias de la tierra.

En el mundo tendremos aflicciones, pero también tendremos momentos de gran honra, y en esos momentos especiales Dios se va a encargar de aderezar mesa para ti delante de tus angustiadores.[2] "¡No temas!", te dice el Señor. No te preocupes por cómo van a salir las cosas. Renuncia a la mentalidad de Sara. Cuando ella vio que no tenía esperanza de convertirse en mamá, buscó una manera de lograr el cumplimiento del propósito de Dios. Ahí fue donde apareció Agar, la esclava, y todavía estamos pagando las consecuencias.

Aquellos que no han perdido la fe en la familia y en el matrimonio, entienden los propósitos divinos y anhelan levantar una familia que ame a Dios y se apasione por Él: una familia que se convierta en una señal divina para un tiempo de corrupción como el que

> Dios tiene un especial interés en que la gente forme familias con el mismo corazón con que Abraham formó la suya.

---

2. Ver Salmo 23:5.

nosotros estamos viviendo. Una familia que le calle la boca a los que están intentado reformular el núcleo familiar en este tiempo.

Si tú crees y estás decidido a convertirte en alguien radical para Dios, sabes que Él no te va a dejar en vergüenza. Confía en que Dios te va a honrar, así como tu fe honra a Dios.

Mi oración es que tú, siendo alguien que tiene un futuro profesional, no utilices las estrategias del mundo para ser prosperado, sino que te mantengas siendo un hijo de Dios radical en medio de empresas seculares no cristianas. No usemos las herramientas del mundo para salir adelante. Vamos a esperar que sea Dios el que prospere nuestros negocios y profesiones, nuestro matrimonio y nuestra familia.

Lo único que a nosotros nos corresponde hacer es ser radicales, abrazándonos a Dios y a su Palabra, porque Él dijo:

"Si alguno quiere venir en pos de mí, niéguese a sí mismo, tome su cruz cada día y sígame".
—Mateo 16:24

Esa Palabra sigue vigente para todos aquellos que quieren ver la gloria de Dios en los últimos tiempos, y para aquellos que hoy reconocen que flaquearon, que cometieron errores, pero hoy quieren arrepentirse y anhelan que Dios les abra una puerta de nuevas oportunidades.

Reflexiona:

1. En tu búsqueda de pareja, ¿has considerado alejarte de tus creencias cristianas o cambiar tu conducta pensando que así te acercas más a ella? Examina tus pensamientos y los cambios que has pensado hacer.

_____

_____

_____

_____

_____

2. ¿Eres de los que creen que Dios va a "entender" tus cambios y no te van a alejar de Él?

_____

_____

_____

_____

3. Detente. ¿Cuánto te costaría dejar de sostener tu fe por alguien o por aspirar a un empleo o a un ascenso? ¿Eres consciente de lo que perderías y piensas que vale la pena perderlo? Enumera todo lo que recibes cuando honras a Dios antes que a cualquier posible cónyuge o posición de trabajo.

_____

_____

_____

_____

_____

OREMOS:

Señor del cielo, en esta hora yo invoco el nombre que es sobre todo nombre. Bendigo a aquellos que ahora deciden confirmar el pacto que hicieron contigo de ser creyentes radicales. Señor, aunque en un momento dado tengan que herirse a sí mismos, te pido que elimines todo miedo a las amenazas que el mundo les pueda hacer. Quítales todo temor acerca de lo que ocurrirá.

En el nombre de Jesús decido depositar toda mi confianza y mi fe en ti, para creer que tú me vas a convertir en el esposo idóneo, en la esposa idónea. Me vas a convertir en un profesional de negocios idóneo, para que tú y solamente tú, y la mano de Jesús, me prosperen en todos mis caminos. Que no sean mis pensamientos sino los tuyos, que no se haga mi voluntad sino la tuya.

Padre, entrego a los pies de la cruz mis temores, mis faltas y mis errores, y me abro a esta nueva oportunidad que tú quieres darme en la vida. Recibo la bendición abrahámica, la recibo en el nombre del Padre, del Hijo y del Espíritu Santo. Amén.

Renunciar a la cultura familiar

Renunciar a la cultura familiar

Pero Jehová había dicho a Abram: Vete de tu tierra y de tu parentela, y de la casa de tu padre, a la tierra que te mostraré. Y haré de ti una nación grande, y te bendeciré, y engrandeceré tu nombre, y serás bendición. Bendeciré a los que te bendijeren, y a los que te maldijeren maldeciré; y serán benditas en ti todas las familias de la tierra.

Génesis 12:1-3

Tu familia está representada en este versículo. Eso reitera que, como leíste antes, esta promesa que Dios le dio a Abraham también alcanza esta generación, y lo que Dios le prometió a Abraham es lo mismo que Dios nos promete a nosotros. Esta promesa aplica a las familias de la generación de este tiempo, pero es importante que entendamos que esta promesa de Dios no es automática, porque la mayoría de las promesas de Dios no son automáticas. Sus promesas las condiciona nuestra obediencia: "Si tú me obedeces en esto y aquello, yo te prometo que haré de ti esto y lo otro".

En el caso de Abraham, cuando estudiamos su vida, vamos a descubrir que este hombre era un hombre apasionado por sus hijos. ¡Un hombre tan comprometido con Dios! Alguien dispuesto a obedecer a Dios en todo. Eso le dio a Dios la confianza de poder depositar en él una promesa incondicional; pero en el caso de nosotros está condicionada. En la medida que nosotros imitemos a Abraham como esposos y como padres, que nosotros nos comprometamos con Dios a levantar una familia que lo ame, que esté comprometida con el evangelio de Jesucristo; en la medida que nosotros nos comprometamos a hacer lo que fuese necesario para que los miembros de nuestra familia se enamoren de Dios, todas estas promesas vertidas sobre este hombre estarán también sobre nosotros.

> Sus promesas las condiciona nuestra obediencia.

Dios te dice que, si ese es tu compromiso y tu decisión, serás bendecido, serás conocido y prosperado; quien te maldiga será maldito y quien te bendiga será bendecido, y todas las generaciones que te sigan, serán benditos en ti. Así como tú fuiste bendecido en Abraham, tus hijos y los hijos de tus hijos serán benditos en ti.

Aquellas personas que levanten una familia para Dios tendrán que tomar decisiones radicales. Dios le pidió a Abraham que tomara decisiones radicales y que asumiera acciones radicales. Dios le dice a Abraham: déjalo todo, apártate de tus padres, sepárate de tu parentela y vete solo con tu esposa y tu siervo a un lugar que yo te mostraré.[3] Dios le da instrucciones a Abraham, y él las obedece.

En el caso de Abraham esa separación fue física, y en nuestro caso Dios nos está pidiendo prácticamente lo mismo. Dios quiere asegurarse de que nosotros nos separemos de nuestra cultura familiar si esta no armoniza con los principios del reino de Dios para la familia. No sé si tú, que lees este libro, naciste en un hogar cristiano; yo no nací en un hogar donde creían en Dios, pero aún aquellos que nacieron en hogares cristianos, basado en mi experiencia, puedo afirmar que no viven en sus hogares conforme al evangelio. Quizá vivan en la iglesia "según el evangelio", pero no necesariamente viven dentro de sus hogares conforme al evangelio. Si ese fue tu caso, y creciste en un hogar cristiano que no vivía el evangelio dentro de las paredes de su casa, eso implica que, a la hora de formar tu propia familia, vas a tener que tomar decisiones radicales de renunciar a la cultura familiar en la que te criaron.

Muchos creyentes llegan al matrimonio convencidos de jamás van a repetir el comportamiento que vieron de sus padres: "Ahora que vine a Cristo, estoy seguro de que no voy a repetir lo mismo

> A la hora de formar tu propia familia, vas a tener que tomar decisiones radicales de renunciar a la cultura familiar en la que te criaron.

3. Ver Génesis 12:1.

que yo vi a mi papá, y también estoy muy seguro de que tampoco voy a repetir las mismas cosas que vi a mi madre o en el matrimonio de ellos". Hay gente que va genuina y sinceramente convencida al altar matrimonial creyendo que va a formar una familia completamente diferente y con una cultura completamente distinta.

MI CULTURA FAMILIAR

Como nuevos creyentes que somos, hemos aprendido que:

> *"si alguno está en Cristo nueva criatura es, las cosas viejas pasaron y he aquí todas son hechas nuevas".*
> —2 Corintios 5:17

Yo descubrí —y quiero ser honesto— que ese versículo bíblico es una poderosa verdad... ¡pero del dicho al hecho hay un gran trecho! Por lo menos en mi caso, a mí se me hizo extremadamente difícil despojarme de toda la formación que me dieron mis padres, de esa cultura familiar que traje de mi lugar de infancia.

Esa cultura familiar nosotros la traemos en nuestros huesos. En los momentos de crisis, ¿qué es lo primero que aflora? ¿Qué es lo primero que te sale? ¿Lo que tienes muy bien aprendido a través de las predicaciones y los estudios bíblicos? ¿O lo que has vivido a lo largo de toda tu vida? Siempre tendremos luchas internas entre lo que hemos aprendido de Dios y lo que hemos aprendido de nuestras familias.

Para darte un ejemplo, yo llego al matrimonio completamente convertido al Señor. Yo conocí a Cristo a los 16 años, mi conversión fue radical, soy producto de un avivamiento entre los jóvenes universitarios de mi país. Nosotros vimos la gloria de Dios arropar los campus universitarios, vimos milagros y maravillas ocurrir, ¡yo conocí a Dios de verdad! Imagínense que el Señor me bautizó en el Espíritu Santo cuando yo no sabía lo que era eso; comencé a hablar en lenguas y yo me tapaba la boca. Yo le decía a la gente, "¡qué me pasa que estoy tratando de hablar y me salen disparates!"; y me dijeron "ve al libro de Hechos de los Apóstoles, en el capítulo 2 y probablemente encuentres la respuesta".

En ese ambiente crecí, en un ambiente donde todos estábamos conociendo a Dios a la vez. Era una unción tan poderosa y tremenda, que mi vida cambió radicalmente. Pero ten en cuenta el hogar de donde yo vine: mi papá era militar, oficial del ejército de los Estados Unidos. También era machista. Ese tipo de hombre autoritario, exigente y demandante. Mi papá era un hombre tan metido en lo militar, que cuando él llegaba a casa parecía que necesitaba el saludo militar. Era muy estricto, nosotros nos sentíamos nerviosos cuando llegaba a casa porque todo era una formalidad.

Al ser machista, él tenía fuertes prejuicios contra la mujer, trataba a mi mamá muy duramente. Recuerdo que él siempre trataba de aplastarla con su dominio y su superioridad. A mí nunca me gustó como era él, y yo siempre dije que yo nunca sería como él. Como padre también fue muy duro y frío; él no nos permitió que nosotros le diéramos afecto. Recuerdo un día que era muy pequeño, corrí donde estaba él y lo abracé; y él me empujó, me gritó, me señaló con la mano y me dijo, "¡jamás vuelvas a hacer eso!". Yo tenía dudas, y me preguntaba por qué, ¡quizá le habría pisado un callo! Para sorpresa mía, mi papá me dijo, "¡los machos no abrazan a los machos, que sea la última vez que me abraces!".

Ese es el tipo de hombre que me crio. Entonces yo juré que me iba a casar, iba a tener a mis hijos y a mi esposa, y que nunca iba a ser ese tipo de hombre. "Yo conozco al Señor, yo conozco el poder de Dios, yo conozco el evangelio. Mi papá actúa así porque él no conoce al Señor, pero jamás en la vida yo podría actuar de esa manera".

Mi mamá, como esposa de militar, desarrolló un afán por la limpieza. No te miento cuando te digo que ella limpiaba la casa, nos ponía medias blancas y nos decía, "caminen por la casa". Si al final de la caminata había solo alguna sombra en esa media reluciente, había que comenzar otra vez; pero ella no limpiaba sola, ¡ella arrastraba a todo el que viviera en esa casa!

Era un régimen muy fuerte. Estaba de por medio nuestra vestimenta, el brillo de los zapatos, el planchado de la ropa, todo era una cosa muy estricta. Ella era exagerada con el asunto de la casa, y tenía que decorar y atender todo con detalle. Mi mamá le daba servicios "VIP" a mi papá. Servirle en un plato plástico era un sacrilegio: ¡a los hombres se les sirve en loza, con servilleta de tela y los cubiertos de plata. Ese era el tipo de mujer que era mi mamá. Imagínate, yo me crío en todo ese ambiente, y encima de eso me ponen por nombre Rey. ¡Mira el sentido del humor que tiene Dios!

UNA CULTURA FAMILIAR
CONTRARIA

Luego me enamoré de una mujer espectacular. Los planes insondables de Dios hacen que este señor se enamore de esta bella señora, pero esta señora viene de una cultura familiar bien interesante... ¡Yo sé que tú que lees este libro quieres saberlo! Así que te lo diré.

Ella viene de una cultura familiar absolutamente feminista, era un lugar totalmente matriarcal. Cuando te digo esto es porque allí las mujeres son las que "reparten el bacalao". Ellas son las que deciden, las que planifican, las que hacen y deshacen. Para darte una idea, todos los hermanos de Mildred son mujeres, allí no nació un varón en ningún lugar, y ella es la menor de su familia. Todas las hermanas mayores que Mildred tuvieron hijas, en otras palabras, parecía no haber esperanza para un hombre en ese lugar. Para colmo, los esposos de sus hermanas se divorciaron de ellas, y los pocos que había, se fueron. Mi suegro y yo nos quedamos solos en ese imperio de mujeres.

Mi suegro es flemático, pero flemático glorificado, es ese tipo de hombre que donde lo ponen, ahí queda. Tú podrás estar una semana en su casa y nunca sabrás el tono de su voz, porque las mujeres son las que hablan y no hay oportunidad para que los hombres hablen. Eso quiere decir que cuando le hacen una pregunta a él, todas responden, menos él, por lo tanto, él no tiene necesidad de hablar.

Yo me encuentro en un ambiente así, donde yo llegaba a la casa de mi suegra a dejar a su hija de la universidad (cuando éramos novios), y tan pronto entraba por la puerta mi suegra me ponía una toalla en el hombro y me decía "¡vaya a bañarse". Yo le contestaba, "señora, yo tengo una casa donde bañarme"; pero la respuesta era: "¡váyase a bañar, que tengo comida preparada para usted!". "Señora — le contestaba— yo tengo una mamá que me hace comida". Igual me hacía bañarme y hacía que yo comiera.

Para colmo, cuando terminaba de comer, tenía lista la habitación con aire acondicionado y la cama lista para que tomara una siesta. Yo le decía, "señora, yo estoy bien", y su gentil respuesta era, "no, tómese la siesta. ¡Si usted supiera cuánto yo le amo, usted se ha ganado mi corazón!". En definitiva, mi suegra se enamoró de mí.

Para ponerle la cereza al pastel, quiero contarte que esa familia fue creada para relaciones públicas. Tú llegas y te dan un abrazo. Luego, en cualquier momento, te sorprenden con otro abrazo. Si vas al baño y regresas… ¡te reciben en la sala con más abrazos! Yo vengo de un hogar donde no hubo abrazos ni afecto, ni cariño, entonces yo llego allí y —como diríamos en Puerto Rico— todo era un "pegoste", es decir, algo pegajoso.

Fue algo difícil, pero Dios habló y dijo que nuestra relación iba a bendecir a las naciones y que su Espíritu nos utilizaría para fortalecer a las familias y bendecir a los matrimonios. Nosotros escuchábamos esas palabras proféticas y pensábamos: "Dios mío, esos profetas nos quieren mucho porque yo no veo cómo eso se puede cumplir".

Pero nos casamos… ¡yo diría que se juntó el hambre con la necesidad! Yo venía de una cultura machista y militar, y no conocía otro ambiente que no fuera ese. Por otro lado, mi suegra era muy limpia en su casa, y el estilo de vida de Mildred era de relaciones públicas.

CHOQUE CULTURAL… CRISIS MATRIMONIAL

Después de casarnos nos mudamos de ciudad y yo comienzo a trabajar en un puesto muy demandante como gerente de una compañía farmacéutica. Con 21 años, empezamos a plantar una iglesia y tratamos de hacer de nuestro matrimonio una relación que honrara a Dios. Pero al poco tiempo, con tanto estrés y tantas demandas de todo tipo, yo no me di cuenta de que comencé a cambiar mi manera de tratar a mi esposa.

Yo llegaba a casa y no podía ver un lavamanos con agua (los lavamanos tenían que estar secos siempre), una cama sin vestir era un "pecado mortal", una cocina con ollas vacías… imagínense. ¡Yo vivía como un reloj, todo era orden! En cambio, mi esposa vivía para recibirme, para darme amor y cariño; y en todo momento sus palabras eran "vamos a hablar"; pero mientras hablábamos yo estaba mirando por encima para ver qué era lo que no estaba hecho, porque yo necesitaba ver el lugar de donde yo salí.

Como es lógico, empezamos a chocar, y comencé a maltratar a mi esposa. Yo nunca le pegué, pero le falté el respeto demasiado. Yo la insultaba y la humillaba. Me da vergüenza tener que aceptar públicamente que fue así, porque se trata de un hombre que no solo amaba a Dios y era cristiano, también era pastor. Aun así, muchas veces terminábamos una pelea cuando íbamos en dirección hacia la iglesia, mientras yo iba dando golpes al volante del carro.

Cuando llegábamos a la iglesia, yo sacaba mi mejor sonrisa, el amor, la gentileza y la amabilidad pastoral, y mi esposa tenía que sentarse en primera fila a soportar un mensaje de mis labios. Eso pasó por mucho tiempo, y yo lo justificaba porque pensaba que mientras yo tuviera razón, la razón justifica los medios; pero no es así. La Escritura es muy clara con respecto a eso. En Efesios 4:26 dice:

"Airaos, pero no pequéis; no se ponga el sol sobre vuestro enojo".

Nada me da derecho a pecar. Tienes espacio para airarte, pero no tienes espacio para pecar. Tienes espacio para enojarte, pero no tienes espacio para humillar, para maldecir o para mantener un enojo por más de un día.

Nuestra relación se comenzó a deteriorar, pero yo estaba ciego, y no estaba dispuesto a negociar. Incluso me preguntaba por qué Dios nos juntó. Me preguntaba, "si nos amábamos tanto ¿qué pasó?". Ahí descubrí que yo traigo una cultura familiar, y ella también traía otra cultura familiar, ¡pero ambos teníamos que renunciar a nuestras respectivas culturas familiares!

Allí nos dimos cuenta de que todo lo que tuviésemos que hacer para crear un ambiente digno de la presencia de Dios en casa, teníamos que hacerlo al precio que fuese. Debíamos honrar a Dios en medio nuestro, porque es un Dios de paz y donde Él habita es en aquellos lugares donde hay paz. Y que haya paz no necesariamente significa que la gente está de acuerdo, sino que hay gente que aprende a amarse y se soportan con paciencia en amor.

Lo más triste de esto es que yo era muy espiritual y me comportaba... ¡wow!, de una manera maravillosa. Era usado por Dios para traer palabra profética a la iglesia; era un hombre con un mensaje tremendo... ¿Y saben qué? En realidad, me convertí en un hombre con una doble vida. Los cristianos que adulteran y los cristianos que fornican no son los únicos que tienen doble vida. Aquellos que tenemos un estilo de vida en la casa y otro estilo de vida en la iglesia también somos cristianos con doble vida y eso Dios no lo tolera.

A mí no me agradaba verme en ese escenario, y como te comenté líneas atrás, lo justifiqué, pero el Espíritu de Dios comenzó a confrontarme con los frutos del Espíritu. Me decía, "el mismo amor que tú manifiestas en la iglesia es el que tienes que manifestar en casa; la misma bondad, benignidad y misericordia, la misma humildad y mansedumbre que tú despliegues en la iglesia, también la tienes que manifestar en casa". No es posible que de una misma fuente salgan dos tipos de agua. Un árbol bueno no puede dar un fruto malo, los frutos malos vienen de árboles malos.

> El mismo amor que tú manifiestas en la iglesia es el que tienes que manifestar en casa.

Ese tipo de cosas fue con la que Dios me confrontaba, pero seguía una lucha interna hasta el día en que nació nuestra primogénita. Si deseas saber algo más de esta parte de mi vida, lo explico con más detalle en el libro "¡Señor, que mis hijos te amen!". Pero volviendo al nacimiento de mi primera hija, cuando llegué a la sala de partos yo estaba muy ilusionado y feliz porque iba a recibir a mi primogénita. Esperaba ansioso, y tan pronto el médico recibió del vientre de mi esposa a la bebé en sus manos, lo primero que hizo fue ponerla en las mías.

DESECHA TU CULTURA FAMILIAR Y TRAE EL REINO A TU HOGAR

Cuando yo vi a mi hija tan hermosa, elevé una oración a Dios y le dije: "Señor, lo único que te pido es que ella aprenda a amarte, y que desde muy pequeñita se enamore de ti". Entonces el Espíritu Santo me habló y me dijo: "Rey, en la medida que tú te comportes como Jesús en tu casa, y ella vea la personalidad de Cristo en ti en medio de tu hogar, tu hija aprenderá a amarme". En otras palabras, "ella no me va a conocer por la buena escuela bíblica que hay en la iglesia, y ni siquiera por los cultos familiares que tú hagas en tu casa. Ella me va a conocer en la medida que tú aprendas a amar a tu esposa y tratarla dignamente, y en la medida que ella vea que ustedes gozan de su relación. Entonces ella se va a gozar de amarme".

Hay muchos hijos de cristianos que abandonan la iglesia, no porque no les guste la iglesia, es porque no les gusta lo que ocurre en casa. Cuando el Espíritu Santo me habló en la sala de partos y me dijo eso, yo reconocí que el futuro eterno de mi hija dependía de lo que ella viera en mí. Entendí que ella se salvaba o se apartaba del Señor, dependiendo de lo que ella en casa observara en mí.

Esa mañana tuve que reconocer que yo tenía que volverme a convertir a Cristo. Imagínate, un pastor convirtiéndose a Cristo otra vez. Entonces me encerré en la habitación del hospital, y allí me fui al piso y contra una pared lloré amargamente. Le dije a Dios: "me convierto a ti otra vez, quiero recibirte nuevamente. Yo reconozco que permití que la cultura familiar de mi padre invadiera mi casa, pero hoy me arrepiento de haberlo permitido. Me quiero convertir en otro hombre. Inclusive renuncio a todo el conocimiento bíblico que tengo, y a partir de este momento quiero que me vuelvas a enseñar la Palabra, y quiero estudiar la Escritura con otra mentalidad. Ya no voy a estudiar la Biblia para predicarla, ahora la voy a estudiar para vivirla en casa".

Ese día Dios comenzó a hacer muchos cambios en nuestra vida. Ese momento fue maravilloso porque sentí que volví a nacer de nuevo. Hay personas que piensan que la conversión es una experiencia de una vez en la vida, y ya que nunca se han ido al mundo, piensan también que no se habían apartado. Eso no es así. Permíteme decirte que ahora he comprendido que la conversión de un cristiano no es una experiencia de una profesión de fe, es

> La conversión de un cristiano no es una experiencia de una profesión de fe, es un proceso de vida.

un proceso de vida. Los cristianos necesitan convertirse constantemente al Señor. Cada vez que Dios observa un área de nuestra vida que necesita corrección, tenemos que volver a hacer el pacto con Él, y tenemos que volver a comprometernos y arrepentirnos. Tenemos que volver a pedirle al Señor que tome esa área de nuestra vida y nos haga una persona nueva.

Dios comenzó a cambiar nuestra cultura familiar, y cuando comenzamos a practicar esta nueva cultura, nuestras respectivas familias comenzaban a criticarnos. Mi papá me comenzaba a hacer comentarios como "estoy notando que tu esposa te está dominando". Y yo le decía, "no, papá, eso no es dominio de mi esposa sobre mí, eso es respeto y dignidad a la mujer, eso es todo. Es darle espacio, es reconocer que ella es coheredera juntamente conmigo. Es reconocer que ella es tan inteligente como yo, y que yo la necesito a ella tanto como ella me necesita a mí".

También mis suegros comenzaron a cuestionar nuestros estilos porque estábamos cambiando nuestra cultura familiar, pero fuimos férreos en decidir que Dios trajera un nuevo estilo, vamos a llamarlo "el estilo del Reino". Vamos a llamarlo como el estilo de vida familiar que provoca que la bendición abrahámica caiga sobre nosotros.

Comenzamos a orar por nuestros hijos, a leerles la Palabra, a comunicarnos con ellos y, sobre todo, a ser testimonio delante de nuestros hijos. Pero no puedo terminar este capítulo sin dejar de decirte que en un momento yo volví a cometer errores. Ya no era con la frecuencia de antes, pero volví a hacerlo. Sin darme cuenta me descontrolaba y las cosas me salían como no era debido, pero por no haber entendido la nueva cultura familiar y lo que Dios demanda de sus hijos.

¿Sabes lo que tuve que hacer? Me senté en la sala de mi casa con mis hijos en mis rodillas, y mirándolos a los ojos, con lágrimas en ellos, les dije: "Papá ha pecado contra Dios y contra ustedes, porque papá pegó a mamá. Jesús no se hubiese comportado ni hubiese hablado como yo acabo de hacerlo. Me arrepiento de haberme comportado así, y le pido perdón a mamá, le pido perdón a Dios y les pido perdón a ustedes también. Por favor, oren por mí".

Lo siguiente fue hermoso. Ellos medio asustados levantaban sus manitas, las ponían en mi frente y decían: "Papá Dios, ayuda a papá, él quiere ser bueno. Ayúdalo, Señor". ¿Y sabes algo...? Esas oraciones infantiles transforman el corazón de los padres, ¡taladraban mi corazón! Yo supe entender que, si había algo que podría crear un peso de gloria en la vida de nuestros hijos, era que ellos entendieran que el evangelio que se vive en casa es un evangelio auténtico.

Ese evangelio genuino no es el de los cristianos perfectos que nunca cometen errores, sino aquel donde los cristianos que cometen errores se arrepienten, se piden perdón y se reconcilian unos con otros, de frente, cara a cara. Luego oramos como familia para pedirle al Señor que sanara nuestros corazones, y que la obra que Él comenzó en nosotros, la terminara y la perfeccionara.

Para terminar este capítulo, oremos. Quizá hoy reconoces que aún necesitas hacer ajustes mayores para cambiar la cultura que heredaste de tu familia. Quizá hoy quieres establecer una plataforma de fe para cuando Dios te dé la oportunidad de crear tu nueva familia, y lo quieres hacer asegurándote de crear una nueva estructura de comportamiento y nuevos estilos de tratarnos los unos a los otros.

Si hoy reconoces que has pecado, al igual que lo hice yo, pero hoy decides provocar un avivamiento espiritual en tu casa y proclamar firmemente "ya no voy a seguir demandando que otros cambien, aquel que necesita cambiar soy yo, quiero modelar un nuevo estilo de vida en esta casa", es hora de que le digas, "heme aquí, Señor".

Reflexiona:

1. Tú, igual que yo, ¿llevaste a tu nuevo hogar la cultura familiar que dijiste que jamás imitarías? ¿Haces exactamente lo mismo que reprobabas de tu casa?

_____

_____

_____

_____

_____

2. ¿Qué estás haciendo para terminar esa conducta y crear una vida de paz en tu hogar, formando tu propia cultura familiar?

_____

_____

_____

_____

3. Escribe las conductas que ya sabes que son incorrectas ante Dios. Escribe con cuáles conductas y actitudes vas a sustituirlas.

_____

_____

_____

_____

_____

OREMOS

Dios del cielo, clamo a ti e invoco tu presencia para que el poder de la Palabra y el poder de la verdad redarguyan a tal grado mi corazón que no me deje vivir a espaldas de la doctrina de Jesús. Te ruego, Señor, que me enseñes a dejarme supervisar por el Espíritu Santo y permitir que tu Palabra sea la última palabra, por cuanto quiero servirte y que mi casa también te sirva. Me arrepiento de mis pecados y te entrego mi futuro, para que me guíes y me des las fuerzas para convertirme en un modelo y un ejemplo para los miembros de mi familia. Yo y mi casa serviremos a Jehová, en el nombre de Jesús, amén.

Fundamento 3

Sanar el dolor acumulado

Sanar el dolor acumulado

Porque lo que hago, no lo entiendo; pues no hago lo que quiero, sino lo que aborrezco, eso hago. Y si lo que no quiero, esto hago, apruebo que la ley es buena. De manera que ya no soy yo quien hace aquello, sino el pecado que mora en mí. Y yo sé que, en mí, esto es, en mi carne, no mora el bien; porque el querer el bien está en mí, pero no el hacerlo. Porque no hago el bien que quiero, sino el mal que no quiero, eso hago. Y si hago lo que no quiero, ya no lo hago yo, sino el pecado que mora en mí.

Así que, queriendo yo hacer el bien, hallo esta ley: que el mal está en mí. Porque según el hombre interior, me deleito en la ley de Dios; pero veo otra ley en mis miembros, que se rebela contra la ley de mi mente, y que me lleva cautivo a la ley del pecado que está en mis miembros. ¡Miserable de mí! ¿quién me librará de este cuerpo de muerte? Gracias doy a Dios, por Jesucristo Señor nuestro.

—Romanos 15:7-25

Son palabras que parecen extrañas, salidas de la boca de un hombre extraordinario y poderoso como fue Pablo. Aquí él expresa una idea que no parece ser algo que saliera de un hombre de Dios como él. Pero algo que me impresiona de él y me encanta es su sencillez. Fue un hombre transparente, que no andaba aparentando, ni tratando de crear una imagen.

Lo que veías en Pablo, eso era él. Dios lo bendijo y lo exaltó. El Señor le dio muchas revelaciones, y por causa de eso puso un aguijón en su carne para mantenerlo humilde y con los pies en la tierra. Gracias a ese sentido de honestidad, Pablo nos deja unas palabras que no muchos ministros se atreverían a declarar, diciendo "el día en que quiero hacer el bien, no logro hacerlo; y el mal que no quiero es el que precisamente termino haciendo". [4]

En un momento de mi vida, estas palabras provocaron en mí mucho llanto y quebrantamiento. Yo vine de un avivamiento, y fui un hombre producto de un gran mover de Dios en Puerto Rico. No hay duda de que la experiencia que tuve fue real, no obstante, fue la cultura familiar la que marcó mi vida, como te expliqué en detalles en el capítulo anterior.

Yo quería ser el hombre y el esposo de Dios que cumpliera con cada una de las recomendaciones y mandamientos bíblicos para los maridos. Quería convertirme en el papá perfecto que tuviese la capacidad de enamorar a mis hijos para Dios. Ese era el anhelo de mi corazón honesto y sincero, ayunaba y oraba para que eso se cumpliera en mi

---

4. Romanos 7:20-21 paráfrasis del autor.

vida, pero no pude entender, hasta que caí en la crisis, que había una realidad en mis huesos.

Me dije: "Yo no quiero ser así, yo quiero ser expresivo, tener el valor de amar. Quiero ser un hombre diferente, un hombre del cual Dios se goce". Dice la Escritura que cuando los hombres son ásperos en su casa y tratan a su esposa con aspereza, sus oraciones tienen estorbo, los cielos se les cierran, y yo le decía a Dios: "¿Por qué proteges tanto a las mujeres? ¿Por qué tú no les exiges a ellas tanto como nos exiges a nosotros? ¿Serán ella unos seres especiales?".

Pues sí, ellas son unos seres muy especiales. Pero... ¡qué difícil es entenderlas! ¿Verdad? Y sentir que no tengo la capacidad de hacerlo. Más difícil fue entender mi deber siendo un hombre de Dios, y verme imposibilitado para hacerlo. Me sentía miserable, y a pesar de que había renunciado a mi cultura familiar, seguía pegada dentro de mí. Así que le dije a Dios en oración, tal como Pablo lo mencionó: "¡Miserable de mí!". Luego me preguntaba: "¿quién me va a librar de esta atadura? Señor, ¿qué me pasa, ¿qué me ocurre?". El día que leí este pasaje bíblico, realmente me identifiqué con Pablo.

Es bueno hacerle preguntas a Dios. Todo el que le hace preguntas a Dios recibe una respuesta. Hay veces que la gente piensa que Dios no le habla. Si piensas eso, comienza a hacerle preguntas a Dios y verás que Él te va a hablar. Yo le dije a Dios: "¿Por qué no me siento completamente libre? He hecho ajustes, ahora estoy controlando unas cosas, he mejorado, pero todavía no soy el que debo ser... ¿qué me pasa? ¡Explícame! ¿Por qué no puedo ser consistente?

Empiezo bien, doy cinco pasos... ¡y al sexto, me caigo! ¿Qué sucede, Señor?." Y Dios me habló.

EL DAÑO DEL DOLOR OCULTO

El Espíritu Santo me dijo: "Rey, hay dolor acumulado dentro de tu corazón." Y yo le dije: "¿Qué dolor, si yo en realidad me he fortalecido en tu gozo? Tu gozo es mi fortaleza. Claro, hay que ver todo el daño que hizo mi padre a mi familia, ¡pero yo lo he perdonado!".

Yo le dije eso al Señor porque mi papá fue un hombre muy duro. Él nos maltrató. Él casi no nos disciplinaba, pero cuando lo hacía, nos golpeaba malamente. Yo tuve experiencias fuertes con él, me rechazaba. Cuando yo trataba de darle cariño, no me lo permitía.

Luego descubrimos que él estaba engañando a mi mamá. Nosotros pensábamos que él podía ser un hombre difícil, pero jamás infiel. Era un militar, un oficial honorable, pero supimos que dentro del cuerpo militar él tenía una amante. Lo descubrimos porque salió a la luz que él tenía un hijo con esa señora.

El dolor era insoportable, yo no sé si tú que lees este libro has sufrido la infidelidad de alguno de tus padres, pero con sinceridad, fue horriblemente difícil. Cuando eso ocurrió yo era casado, y se supone que yo no tenía por qué sufrirlo tanto porque yo había salido de mi hogar, pero ese día descubrí que nosotros podíamos ser adultos hechos y derechos, y aun tener hijos, pero todavía lo que ocurra con nuestros padres lo vamos a sufrir profundamente.

Ese día descubrí que la razón de ser de muchos de nosotros es ver a papá y a mamá unidos y amarse. La familia toma una fuerza enorme cuando los patriarcas de la familia se mantienen juntos. Allí todos los hijos son felices al rodear a esas parejas que duran mucho en su matrimonio. Es una cosa rica y hermosa que nosotros disfrutábamos, pero ahora mis padres estaban en una crisis de infidelidad, y para colmo mi papá tenía un hijo fuera de mi casa.

La mujer de mi padre, aquella mujer adúltera que rompió nuestro hogar y nuestra familia, sabía que mi papá era casado y que tenía tres hijos. Adivina qué ocurrió: se hizo amiga de mi abuela, de la mamá de mi papá. Entre mi abuela y esa mujer se confabularon e hicieron trabajo espiritista para destruir el matrimonio de mi padre. El dolor fue muy grande al saber que nuestra abuela, que vivía en los altos de nuestra casa, nos estaba engañando y estaba buscando la destrucción de nuestro hogar.

Yo no sabía que había tanto dolor dentro de mí, porque "todo lo perdoné en oración". Cada vez que teníamos reuniones o cultos en la iglesia, y se hablaba de este tema, yo siempre decía: "Señor, los perdono. Señor, yo los libro de toda culpa, y los cubro en la sangre de Cristo". Así pensé que todo estaba perdonado, y en realidad parecía que lo estaba, pero el Espíritu Santo identificó que por encima del perdón que yo le di a mi padre había dolor. Las experiencias que tuve, el sentirme tan defraudado, crearon dentro de mí un dolor tan fuerte que yo no sabía que todavía estaba guardado ahí.

Luego descubrimos que mi papá embarazó a esa mujer por segunda vez. Cuando eso ocurrió, mi mamá decidió irse de la casa, pero mi mamá nunca trabajó, y ella no tenía sustento, así que tocó las puertas de nuestra casa. Mi esposa y yo estábamos recién casados. Mildred me dijo: "No vamos a dejar a tu mamá en la calle, vamos a recibirla y veremos lo que Dios hace" ... ¡y a ver lo que Dios hace, ya que todavía está en casa después de veinte años!

En medio de esa crisis yo fui a visitar a mi papá. El diálogo fue impactante:

—Papá, lo que tú has hecho es imperdonable, por favor, pídele perdón a mamá.

—Los hombres no piden perdón, y yo no pienso pedir perdón. Ella tiene que regresar a mí y que no espere que le pida perdón. Es más, ¿tú sabes quién va a ser culpable de nuestro divorcio? ¡Tú!

—¿Qué? ¿En serio? ¿Acaso fui yo el que adulteró? ¿Fui yo el que generé dos hijos?

—Tu deber era dejar a tu madre en la calle, y cuando ella no tuviera que comer y se viera obligada a buscar basura para alimentarse, entonces ella iba a verse obligada a regresar a mí.

Esa fue la única vez que yo me enfrenté a mi padre, ya no como un hijo, sino de hombre a hombre. No me fui a lo físico, pero me dio mucha ira, y le grité a mi padre. Le dije: "Yo te voy a decir una cosa, mi madre es una santa, tú no eres digno de ella, y ¿sabes algo? ¡Yo voy a cobijar a mi mamá, y me voy a hacer cargo de ella!".

Como mi padre vio que yo me puse firme delante de él, fue a su habitación y sacó un arma de fuego. Recuerdo ver a mi papá con el arma en la mano, y en ese momento yo le dije: "¡Qué lástima me das, úsala si quieres, yo sé para dónde voy! Sin embargo, tú no sabes a dónde vas", y me fui.

Aún eso le perdoné. Pasaron un par de semanas y agonizando en oración lo perdoné. ¿Sabes lo que es tener a una mujer acostumbrada a vivir en un ambiente militar y meterla en mi casa con mi esposa? ¿Tú sabes lo que es vivir con tu suegra? Me refiero a una mujer viviendo con su suegra. ¡Dos mujeres! ¿Te imaginas las veces que tuve que mediar entre las dos para tratar de reconciliarlas y mantener la paz y la comunión entre ellas? Fue un precio alto que tuve que pagar. Hoy mi mamá y mi esposa son amigas. Yo tengo a mi suegra en la iglesia, pero a mi mamá también, y todo el mundo cree que mi mamá es la mamá de mi esposa. Así de unidas son, así de bien se llevan y se aman, pero costó.

Dije líneas atrás que perdoné a mi padre "agonizando en oración", y por eso me dispuse a ir a su casa a visitarle y servirle. Yo había perdonado honesta y genuinamente a mi papá, pero Dios me dijo algo impactante: "La razón por la cual todavía tienes momentos explosivos, te conviertes en una persona áspera, y no puedes ser consistente dentro de tu hogar con tu esposa y tu hijo, es porque no has descubierto el dolor que guardas por dentro. Has perdonado, pero tienes dolor".

CARTA DE AMOR

A partir de allí tuve un diálogo con el Señor que nunca olvidaré...

—Ok, Señor, pero aquí viene la otra pregunta... ¿Cómo me saco el dolor?

El Espíritu Santo habló.

—Escríbele una carta de amor a tu padre.

—Pero, Señor, ¿qué me estás pidiendo?

—Escríbele una carta de amor a tu padre.

—Pero, Señor... si yo tuviese que escribirle una carta de amor a mi padre, yo tomo una hoja en blanco, la meto en un sobre, la envío, ¡y listo! Además, me imagino a mi papá diciendo, *"¿qué le pasa a mi hijo? ¡Escribiendo unas cartitas de amor...!".* ¡Señor, esto va a poner todo peor! Además, ¿qué pretendes de mí? ¿Perdonarlo no es suficiente? Ya lo he hecho.

—Rey, tú tienes dolor guardado en tu corazón, y yo quiero sanar ese corazón. Quiero darte la libertad que tú tanto anhelas. Escribe una carta de amor, obedéceme.

Tú sabes que hay veces que nosotros les sacamos a Dios unos argumentos muy "sabios" o muy "honestos" ...

—Ok, Dios, yo lo voy a hacer, pero no me lo pidas ahora, porque yo no puedo ser hipócrita".

El Espíritu Santo me respondió:

—No vuelvas a llamar hipocresía a lo que yo he llamado obediencia. Aunque no te agrade, aunque no lo sientas, aunque no te fluya, escríbela.

Cada vez que trataba de orar, el Espíritu Santo era como una campanita que tienen los celulares cuando te quieren hacer recordar algo... "¡Ding! Recuerda, Rey, ¡tienes que escribir esa carta de amor a tu padre!".

—Sí, Señor... la voy a escribir algún día.

Estaba en un culto, adorando a Dios, y de momento... "¡Ding!".

—Ok, mi Señor, un momento... ¿Sí?

Estaba en una reunión de pastores, y decían, "vamos a orar para comenzar la reunión", y de pronto suena en mi cabeza... "¡Ding!".

—Señor, por favor, no me atormentes...

Iba a orar por los alimentos, en la mesa de mi casa, y nuevamente el Señor me hacía sonar la campanita. Así estuvo un año el Espíritu Santo recordándome prácticamente todos los días: "Rey, escribe esa carta de amor a tu padre. Escríbele a un hombre que nunca pidió perdón y que nunca te dijo que te amaba".

No sé si tú te identificas conmigo. Tú puedes decirle a un extraño que lo amas, pero otra cosa es amar a una persona significativa de tu vida que jamás te dio afecto y que nunca te dijo que te amaba. Pero ahí estaba Dios doblándome el brazo para que le escribiera esa carta de amor.

—Señor, esto no es justo.

—¿Y quién te dijo que el evangelio era justo?

Nosotros reclamamos mucha justicia, pero ¿sabes cuál es nuestra justicia? Aquella que dice "ojo por ojo y diente por diente"; pero la justicia del Reino es otra. Es aquella que dice

"a cualquiera que te hiera en la mejilla derecha, vuélvele también la otra; y al que quiera ponerte a pleito y quitarte la túnica, déjale también la capa".

—Mateo 5:39-40

¡Ese es el evangelio que nosotros hemos recibido de Jesús! Y no es "justo", porque es un evangelio que está sostenido en la misericordia y en la gracia, por lo tanto, habrá cosas que Dios nos pida que hagamos, y no le vamos a encontrar sentido ni lógica. Hay cosas que Dios nos va a pedir, que nos van a doler mucho, porque no es "justo" hacerlo.

Iba a preparar una predicación, sentía que había una unción especial, una *Rhema* maravillosa. Y le dije a Dios: "Padre, ayúdame a organizar los pensamientos". Ahí mismo, recuerdo que no lo pensé, agarré una libreta, la puse frente a mí, y el bolígrafo lo tiré encima de la libreta y le dije a Dios: "Si tú quieres que yo le escriba esa carta a mi papá, yo la escribo ahora. ¡Díctamela!".

Pero de momento me siento mal, y le dije a Dios: "¿Quién soy yo para tratarte así? ¿Quién soy yo para discutir contigo? Es evidente que hay un daño dentro de mí que no conozco", razón por la cual tengo esta lucha por dentro. Está bien, la voy a escribir...

"Papá, te escribo esta carta solo para que sepas cuánto te..." ¡Era como si el infierno me quisiera tragar! *"Te escribo esta carta solo para que sepas cuánto te amo..."* Cuando escribí esas dos últimas palabras, "te amo", ahí mismo colapsé en llanto. Lloraba de dolor y de amargura, ¡lloraba y había tantas cosas que salían de adentro de mi corazón! Y le dije a Dios, mientras lloraba, "¿cómo puedes pedirme algo así?".

> Habrá cosas que Dios nos pida que hagamos, y no le vamos a encontrar sentido ni lógica.

Pero la presencia de Dios llenó mi oficina. No quiero decir nada para impresionarte, te lo digo con toda honestidad. Mi oficina se llenó de la presencia de Dios. Había una gloria muy grande. Yo sentía la presencia de Dios a mis espaldas, pero lo más extraño es que yo sentía a mis espaldas el gran amor que Dios le tenía a mi papá.

Yo no lo podía entender, así que le decía: "Dios, pero... ¿cómo puedes amar a una persona tan mala? ¿Cómo puedes amar a una persona que ha engañado, que ha hecho tanto daño, que ha mentido, defraudado y maltratado? ¿Cómo puedes amar a una persona tan cruel?".

Mientras lloraba, mi llanto de amargura empezó a convertirse en un llanto de gozo. A medida que me desahogaba en llanto, el amor de Dios se apoderó de mi corazón por primera vez en años. En ese momento yo sentía que realmente amaba a mi papá. ¡Yo no entendía cómo lo podía amar así! Pero me dije, "tengo que aprovechar esto", y me puse inmediatamente a escribir.

Papá, por favor, perdóname...

Él era un hombre que nunca me pidió perdón cuando me maltrató, pero no importaba.

Te pido perdón porque llevo años señalándote y acusándote, llevo años solamente enfocándome en tus pecados y en tus defectos, pero nunca me he detenido a admirarte por tus cualidades, y te quiero pedir perdón por eso. El Señor me está pidiendo que te pida perdón. El Señor me está mostrando cuánto Él te ama. Papá, quiero decirte que hay muchas cosas que aprendí de ti. Tú has desarrollado muchas cosas en mí. Cosas que tú no lograste en tu vida, yo las logré, pero tú fuiste el hombre de la visión y yo la cumplí. Dios me ayudó a cumplir tu sueño. También quiero decirte que me siento feliz de que seas mi papá, que me quiero acercar a ti, que quiero ser el hijo que no he podido ser por reprocharte tanto, por haberme alejado tanto de ti..."

En fin, para ahorrar espacio en este libro te diré que le escribí diez páginas. Le envié la carta. Él la recibió. Una semana después, entró una llamada telefónica en casa. Agarré el teléfono, no sabía quién era...

—Hijo, te habla tu padre.

—Papá, qué bueno que me llamas, qué alegría.

Realmente era un milagro, él nunca llamaba.

—Hijo, te llamo para pedirte perdón.

—¡No, papá! ¡Yo no te escribí esa carta para que me pidas perdón! ¡Yo te escribí para pedirte perdón...!

—Hijo, cállate y escúchame, porque yo tengo que pedirte perdón.

—Sí, señor. Está bien.

—Hijo, escúchame. Yo tengo que sacarme esto de adentro. Tengo que desahogar esto, yo nunca lo he hecho, pero lo tengo que hacer... Tu carta ha transformado mi vida, tu carta me ha marcado, y yo reconozco que he fallado grandemente como hombre, he fallado mucho como padre, y sobre todo fallé demasiado como esposo. Hijo, perdóname porque los defraudé, les mentí y les engañé. Perdóname por haber sido adúltero y por el dolor que les he causado a ustedes. Perdóname por las veces que no te permití que me amaras, y por las veces que yo no te di el cariño que tú necesitabas. Perdóname, hijo. Fui muy duro, y yo quiero ser diferente, quiero tener otra oportunidad en la vida para poder demostrar mi amor por ti. Sí, hijo, porque yo también te amo.

Era la primera vez que lo escuchaba en mi vida, y cuando lo escuché no pude resistirlo y comencé a sollozar de la emoción. Entonces mi papá me dijo: "¿Estás llorando?". Imagínate, ¿cómo contestar esa pregunta si "los hombres no lloran"? Entonces yo le dije: "Papá...". Pero él inmediatamente me replicó: "Hijo, no me contestes, sé que estás llorando, pero ¿sabes algo?, he descubierto con tu carta que también los hombres lloran. Cada vez que la leo yo termino llorando. Es más, aquí yo estoy hablando contigo y no puedo contener las lágrimas. Así que no te preocupes, hijo, llora lo que sea necesario, sé libre. Hijo, ¿cuándo vas a venir a los Estados Unidos a visitarme?".

Yo estaba tan contento y feliz que le dije a mi papá: "El mes que viene voy para allá". Terminó la conversación, colgué el teléfono y me dije: "Yo y mi gran boca, ¿cómo es posible que le haya dicho a mi padre que voy a visitarlo si él vive con la serpiente que rompió nuestra familia?".

Dios sacó el dolor de mi corazón de la manera en que yo nunca pensé que lo haría. La mayoría de nosotros creemos que el dolor del corazón sale cuando pasamos al altar para que los ministros oren por nosotros. Cuando nosotros hacemos confesiones, aceptamos que tenemos dolor en el corazón y la gente ora por nosotros, eso es solamente el comienzo. Pero de ahí en adelante hay algo que tú y yo tenemos que hacer para que realmente arranquemos toda raíz de amargura y de dolor que se encuentra petrificada dentro del corazón.

Hay gente que tiene que preguntarse lo mismo que yo le pregunté a Dios: ¿Por qué soy inconsistente en mi forma de ser dentro de mi hogar? Yo quiero ser alguien amable, educado, amoroso, pacífico, manso y humilde dentro de mi hogar. Muéstrame por qué no puedo ser consistente dando ese fruto, y probablemente el Señor te va a mostrar que hay dolor guardado en tu corazón y probablemente el Señor te va a pedir que le escribas una carta de amor a alguien, una persona muy significativa en tu vida, que te hirió y que tú decidiste perdonar, pero todavía no está resuelto el dolor guardado dentro de ti.

Cuando me enfrenté a mi padre para decirle a él lo que él no me dijo a mí, y para hacer por él lo que él no hizo por mí, descubrí una ley del reino de Dios que es milagrosa. Es la ley que fundamenta una poderosa verdad: tú y yo amamos a Dios porque Él nos amó primero. Eso significa que muchas veces los que tenemos guardado dolor en el corazón, vamos a tener que asumir la iniciativa.

Muchos de nosotros estamos esperando que la gente se acerque a nosotros a pedirnos perdón, y hemos esperado que esa gente venga a resolver aquellos conflictos no resueltos que dejaron en nuestra vida. Probablemente los hemos perdonado, pero estamos esperando que sean ellos los que vengan. La ley del Reino nos dice que nosotros, si queremos ser hijos de nuestro Padre que está en los cielos, vamos a tener que asumir la iniciativa, porque a Dios no solamente le interesa sanar tu corazón, sino también sanar el corazón de las generaciones anteriores.

Esto trajo una sanidad en mi papá, él ahora es otro hombre. Mi papá no se ha convertido a Cristo todavía, pero prácticamente nació de nuevo, porque una carta "no merecida" le llegó, un amor expresado y "no merecido", le llegó. Una acción de pedirle perdón provocó que él reconociera que era él quien tenía que pedir perdón. En otras palabras, el amor puede más que el juicio.

Muchos de nosotros hemos juzgado aparentemente con justicia y con razón, pero ahora el Señor te está diciendo, "abandona el juicio y abraza la misericordia, porque mi justicia es diferente a la de este mundo". Perdona, pero también haz los acercamientos que Dios te pide que hagas. No salgas como los locos a hacer cualquier cosa que se te ocurra. Pregúntale a Dios, pide su instrucción, y Él te dirá qué hacer.

Este es un consejo para aquellos que todavía no se han casado: no te cases todavía si tienes dolor guardado dentro de ti. Pero si ya estás casado y estás con un dolor que te agobia, sal corriendo a la presencia de Dios y dile: "Señor, no quiero herir más, no quiero ser inconsistente, quiero ser una persona que dignifique el evangelio dentro de mi casa, quiero modelar la personalidad de Jesús cuando él dijo:

"Aprended de mí que soy manso y humilde de corazón y hallaréis paz para vuestras almas".
—Mateo 11:29

Probablemente hoy reconoces que necesitas sacar algún dolor de tu interior. Quizá reconoces que has sido inconsistente en tu testimonio como miembro de una familia cristiana y a partir de hoy quieres comenzar a modelar otro fruto. Dile con confianza a Dios: "Señor, ¿qué me ocurre? ¡Dime qué debo hacer!", y Él te dará las instrucciones que necesitas.

Reflexiona:

1. Si decidiste cambiar tu conducta con tu familia y aun eres inconsistente, busca dentro de ti si guardas un dolor profundo por las experiencias pasadas con la familia donde te criaste. Pide revelación a Dios, si no recuerdas.

_____

_____

_____

_____

2. Cuando recuerdes las raíces de ese dolor, escríbelas: eventos, cosas que te dijeron, comportamientos de tus padres.

_____

_____

_____

_____

3. Acude al Espíritu Santo para que te dirija sobre cómo sacar de ti ese dolor y sigue sus instrucciones, por más incómodo que te sientas por lo que te dice que hagas. Obedece.

_____

_____

_____

_____

_____

OREMOS:

Gracias, Padre, por tu amor infinito. Hoy llevo mi dolor a tu presencia, y te pido que me guíes para saber qué tengo qué hacer para manejar ese dolor. Señor, solo te ruego que me des la fe para obedecer, para no retrasarme tanto en sujetarme a tu voluntad. Ayúdame, dame el valor necesario porque quiero ser libre, y no solo quiero sanar yo, también quiero ser un instrumento de sanidad para las generaciones anteriores; y anhelo darles un legado de sanidad a mis generaciones posteriores. En el nombre del Padre, del Hijo y del Espíritu Santo, yo pido tu ayuda. Gracias, Dios. Amén.

Fundamento 4

Sanidad interior familiar

Sanidad interior familiar

Bienaventurados los que lloran, porque ellos recibirán consolación.

Bienaventurados los mansos, porque ellos recibirán la tierra por heredad.

Bienaventurados los que tienen hambre y sed de justicia, porque ellos serán saciados.

Bienaventurados los misericordiosos, porque ellos alcanzarán misericordia.

Bienaventurados los de limpio corazón, porque ellos verán a Dios.

Bienaventurados los pacificadores, porque ellos serán llamados hijos de Dios.

—Mateo 5:4-9

No creo que alguien más que mi esposa pudiera ser la persona perfecta para mí. Dios la ha usado para ayudarme a crecer, y todo lo que sé se lo debo a Dios, y a ese hermoso instrumento que Dios ha usado para enseñarme.

Yo oraba a Dios porque sentía que yo era inconsistente, no sé si tú que lees este libro te puedes identificar conmigo. Queremos comportarnos bien en casa y tener el carácter afable de Jesús. Él dijo:

> *"aprended de mí que soy manso y humilde de corazón".*
> —Mateo 11:29

Y ser mansos en nuestros hogares es difícil, y ser humilde peor... entonces yo quería, pero no lograba ser consistente.

Lo que sigue es el encuentro que lógicamente iba a tener con esa mujer, gracias a mi gran boca. Pero antes es necesario que revisemos dos pasajes de la Escritura para que podamos ver lo que realmente quiere Dios de cada uno de nosotros en las situaciones más difíciles.

> *Yo pues, preso en el Señor, os ruego que andéis como es digno de la vocación con que fuisteis llamados, con toda humildad y mansedumbre, soportándoos con paciencia los unos a los otros en amor.*
> —Efesios 4:1-2

¿Qué quiere decir el Señor? Que ser manso no es una opción. No se trata de decir "es que es que yo no soy así, yo soy diferente". Porque si tú "no eres así y eres diferente" hay una buena noticia:

"si alguno está en Cristo, nueva criatura es, las cosas viejas pasaron y he aquí todas son hechas nuevas".
—2 Corintios 5:17

Si no nos enseñaron mansedumbre ni humildad, Dios nos dice, "para que sean dignos de este llamado que has recibido de participar de mi reino, os es necesario que aprendas a la buena o a la mala a ser manso y humilde de corazón".

Sí, tiene que ser de corazón, porque hay "mansos" que no son mansos de corazón; tienen una rebeldía pasiva por dentro. Es como el niño de escuela, molestoso por demás y que siempre está de pie hablando cuando no se le da permiso, y viene la maestra y le dice, "tienes que callarte", pero el niño se queda como retando a la maestra. Entonces ella se le acerca y le dice "te tienes que sentar", y como él ve que ella ya está muy cerca, se sienta y le dice con su actitud: "estoy sentado por fuera, pero por dentro sigo de pie".

Así hay gente en la vida; aparentan ser mansos, pero tienen una rebeldía por dentro. Guardan esa resistencia a la otra persona, y Dios nos confronta con esa realidad y nos dice, *"aprended de mí que soy manso y humilde de corazón y hallaréis paz para nuestras almas".* Y Efesios (4:2) continúa diciendo en el verso 2 *"con toda humildad y mansedumbre soportándoos..."* Soportándoos... ¡que palabra más horrible! ¿Cómo es eso de soportarnos? Pues sí, nosotros los cristianos para poder vivir a la altura del llamado que hemos recibido, en ocasiones tenemos que soportar a esos difíciles que nos hacen la vida de cuadritos.

Hay gente difícil (yo estoy seguro de que tú sabes que sí) inclusive en el pueblo de Dios, y en casa ni hablar. Entonces, dice la Escritura, *"soportándoos con paciencia los unos a los otros en amor"*. Ahí le pusieron la cereza al pastel, porque no es cuestión de soportarnos a regañadientes. Te tengo que soportar con paciencia, y además le ponen apellido al asunto: lo tienes que hacer en amor, es decir, de todo corazón. Cuando no lo podemos hacer así es porque nuestro corazón no está limpio. Un corazón puro puede soportar con paciencia y en amor... pero del dicho al hecho hay un gran trecho.

Apocalipsis tiene un contundente pasaje para aquellos que les gusta hacer guerra espiritual. Hablo de aquellos que son los *"rangers* espirituales".* Ellos son los que cuando Satanás amenaza, o cuando hay un poco de opresión en la iglesia, inmediatamente se preparan con uñas y dientes, y en el nombre de Jesús empiezan a sacar toda la teología de guerra espiritual. ¡A mí me encanta el asunto, porque ya que no puedo pelear de una manera, pues peleo de otra! Así saco las raíces de militar que tengo....

AUTORIDAD ESPIRITUAL

Apocalipsis nos da la clave de una guerra espiritual efectiva y verdadera.

Entonces oí una gran voz en el cielo, que decía: Ahora ha venido la salvación, el poder, y el reino de nuestro Dios, y la autoridad de su Cristo; porque ha sido lanzado fuera el acusador de nuestros hermanos, el que los acusaba delante de nuestro Dios día y noche. Y ellos le han vencido por medio de la sangre del Cordero y de la palabra del testimonio de ellos, y menospreciaron sus vidas hasta la muerte.

—Apocalipsis 12:10-11

Lo que verdaderamente echa fuera demonios no son palabras ni el aceite, no son las sales, no son los conjuros ni las represiones. Esas cosas pueden servir en alguna manera, pero lo que realmente echa fuera demonios es la autoridad de Cristo.

Por otro lado, vemos que todo aquel que quiere hacer guerra espiritual tiene que estar limpio de pecado, así que antes de reprender al diablo, asegúrate de estar limpio. La Escritura nos reclama limpieza y pureza, pero hay personas que cuando piensan en esto dicen: "yo no voy a discotecas, no me emborracho ni fornico, y no cometo adulterio", y piensan que el problema está resuelto. Hay gente que no hace nada de esas cosas, pero no tienen un corazón puro porque guardan raíces de amargura, tienen resentimiento porque todavía guardan un dolor encapsulado dentro de ese corazón que ya "perdonó", y eso hace que su corazón tenga impurezas en su. Eso les resta autoridad espiritual.

> Lo que realmente echa fuera demonios es la autoridad de Cristo.

En el verso 11 la Escritura nos dice *"ellos le han vencido por medio de la sangre del cordero y de la palabra del testimonio de ellos".* ¿Qué significa eso?

Que lo segundo que nos da autoridad, aparte de la limpieza de nuestros pecados, es que la Palabra de Dios se convierta en testimonio en tu vida. En otras palabras, no es lo que yo declaro por mi boca lo que echa fuera demonios, es la Palabra que se ha encarnado en mí, porque es la Palabra que yo estoy viviendo.

Cuando la vivo, la practico, y camino en obediencia a la luz de lo que la Escritura me está ordenando, me cueste lo que me cueste, o me duela lo que me duela, eso es lo que Satanás respeta del creyente. Cuando el enemigo te ve, él no te teme a ti, le teme a la Palabra que está viva en tu corazón; y Satanás discierne cuando la Palabra de Dios está implantada en el corazón de una persona. Eso no ocurre porque yo la declaré; la Palabra se implanta porque yo la practico y la vivo.

Por último, el versículo dice que nosotros vencimos a Satanás porque menospreciamos nuestras vidas hasta la muerte. Este mensaje no es muy popular en estos días. ¿Menospreciar nuestra vida hasta la muerte? Pero... ¿qué teología es esa? Debes saber que esa es precisamente la tercera arma que Dios nos ha dado para vencer a Satanás.

> La Palabra se implanta porque yo la practico y la vivo.

Cristo menospreció su vida hasta la muerte, se despojó de su gloria, se humilló entre nosotros y tomando forma de hombre, tomó nuestro lugar y pagó por nosotros nuestros pecados. De la misma manera como Jesús se echó encima el pecado de todos nosotros, muchas veces nosotros tendremos que menospreciarnos a nosotros mismos y echarnos encima los pecados de otros para redimirlos en el nombre de Jesús.

Eso no se entiende claramente en este tiempo, pero lo que no se comprende de una manera, se puede entender claramente de otra, y aquí es donde te voy a explicar cómo se cumplen estas palabras en la vida real. Antes de continuar con mi testimonio y que sepas lo que ocurrió cuando fui a visitar a mi padre y su mujer, quiero decirte que para vivir el evangelio definitivamente hay que morir, y el que no quiera morir, no va a poder vivir el evangelio.

El evangelio nos pondrá en situaciones donde tendremos que perdonar lo imperdonable y soportar lo insoportable. El evangelio nos pondrá dentro de un contexto donde tendríamos que herirnos y menospreciarnos a nosotros mismos para que Dios sea glorificado. Eso es exactamente lo que te voy a describir con esta parte de mi vida.

UN ENCUENTRO LLENO DE UNCIÓN

Fui a los Estados Unidos, pero yo no estaba dispuesto a verle la cara a esa serpiente. Una cosa es perdonar a mi padre y tener ahora comunión con ese hombre que fue tan duro conmigo, que me hirió tanto y que me hizo tanto daño; una cosa es ver la restauración paternofilial y disfrutarla. Otra cosa es tener que enfrentarme y entrar a la intimidad de un hogar donde hay una mujer que hizo lo indecible para destruir nuestra familia.

Como ya lo había mencionado, ella se hizo amiga de mi abuela, la mamá de mi papá, y ella le confesó a mi abuela que era amante de su hijo. Mi abuela y ella hicieron trabajos de santería y espiritismo para romper nuestra familia porque mi abuela no amaba a mi mamá.

Yo estaba en los Estados Unidos, pero no le dije nada a mi papá. Me quedaba solo un día para disfrutar de un paseo, cuando de pronto recibo una llamada, y cuando agarro el teléfono resulta ser mi papá.

—Papá... qué alegría escucharte. ¿Cómo estás?

—Sé que estás en los Estados Unidos.

—Sí, papá, estoy aquí en Estados Unidos.

—¿Cuándo tienes un día libre, hijo?

(¡Dios, por favor, déjame mentirle...!)

—Mañana, papá.

—Muy bien, sé que te veré mañana, hijo. Yo te enseñé a ser un hombre de palabra, así es que nos vemos mañana.

—Pues sí... gloria a Dios.

El día de mañana llegó. El hermano de la iglesia que me acompañaba me dijo, "yo manejo el automóvil, porque usted está muy nervioso". Mi papá me llamaba cada media hora para preguntarme por dónde estaba. Él estaba muy emocionado, pero él no es así, es un hombre de porte militar. Como ya mencioné, él no abrazó nunca a nadie, y tampoco me permitió abrazarlo, pero el asunto era que ahora él estaba bastante transformado.

Dimos la última curva y esa calle era larga. De pronto el chofer me dice: "Pastor, ¿quién es ese hombre que viene corriendo por la calle?". Yo le dije, "detén el auto", y él lo detuvo. Abrí la puerta y me bajé, y mientras mi papá corría, yo caminaba preguntándome qué iba a pasar. Él estaba irreconocible, ¡y yo no entendía nada! Él seguía corriendo, y yo caminaba. Cuando lo que quedaba era solo un par de metros para llegar a mí, él no bajaba la velocidad, y yo pensaba, "pero ¿qué va a hacer?". Y de momento abre los brazos y yo me quedé congelado, porque él me enseñó toda la vida que los machos no abrazan a los machos, pero de pronto su cuerpo golpea el mío y me abraza muy fuertemente.

—Hijo, ¡qué bueno que estás aquí!

Yo no me atreví a abrazarlo, todavía tenía en mi mente sus gritos prohibiéndome abrazarle, pero poco a poco fui levantando mis brazos, y cuando la palma de mis manos tocó su espalda, fue tan fuerte que no pude resistir y ahí me desplomé. Mi papá es grande, como yo, y me agarró aún más fuerte todavía. Cuando las lágrimas empezaron a bajar por mi mejilla, él comenzó a besar mis lágrimas.

Todavía me emociono cuando recuerdo ese momento, porque es hermoso recibir el beso de un padre. En ese momento yo era adulto, era esposo y padre, pero me sentía como un niño, y estaba muy feliz. Cuando recibo ese abrazo, sentí una unción de Dios muy fuerte y una presencia de Dios tan grande... En ese momento mi papá me dice "hijo, vamos para casa". Y la unción se me fue. El gozo se me fue. Yo pensaba, "no, papá... ¿por qué no nos quedamos aquí y hacemos una enramada? ¡Si esto es como la transfiguración!". Pero mi papá me agarró por el cuello y seguimos caminando. Yo le dije al Señor: "¡Ayúdame por favor!".

Cuando llegamos a la puerta de la casa y aquella víbora asomó su rostro, yo lo que veía era su lengua dividida en dos. En este momento de tu lectura yo podría tratar de impresionarte con mi espiritualidad y decirte, "¡la pude amar desde que la vi!"; pero quiero ser honesto con lo que sentí, porque esta lucha probablemente es la misma que sientes tú. Sabes que amas a Dios, pero también tienes batallas por dentro porque hay áreas del corazón que todavía necesitan liberarse de impurezas y resentimiento. A mí me pasó, y yo no quería ni tocar a esa mujer, pero sabía que la tenía que saludar.

Así que llegué ante ella y le extendí mi brazo tan largo como lo tengo, pero tan pronto la toqué, sentí como si algo me empujara, y yo sé que fue el Espíritu Santo. Por eso la abracé y le dije al oído "Dios te bendiga". Dios nos ha mandado a bendecir a nuestros enemigos y no a maldecirlos, y cuando de mis labios salió esa bendición, se quebró algo dentro de mí, salió esa dureza del corazón y sentí que se enterneció. Ahora la miraba y ya no veía a la serpiente, ahora veía a una señora que era objeto de misericordia.

Vino la unción, vino la alegría y la presencia de Dios. Yo estaba muy feliz. Veía a mi papá y a la señora, y qué rico se sentía, pero cuando todavía yo la abrazaba, miré por encima de su hombro a través de una puerta de cristal, y vi una piscina en el patio. Cuando yo vi esa piscina, se me fue la unción y el gozo, porque me dio una ira tan grande...

¿Cómo es posible? Yo toda mi vida quise tener una piscina. Es injusto que en el hogar y la familia genuina todos tuvimos privaciones y no pudimos tener estos lujos; y en la familia del adulterio vivían a todo lujo, eso no era justo. Me dio tanto dolor que solté a la señora y tuve que buscar una ventana en la sala para mirar al cielo. En silencio le dije a Dios: "Siento que no tengo las fuerzas para soportar esto". Entonces escucho la voz de mi padre que me dice: "Hijo, por favor, bendice nuestra casa…".

El Espíritu Santo me dijo: "¡Bendícela!". Así que solo dije: "Señor, bendigo esta casa, bendigo todo lo que tienen…", y de pronto miro la lancha en el patio, y yo dije: "Señor, bendice la lancha, bendice todo lo que tienen, que tu presencia esté siempre en este lugar". La unción volvió, la alegría volvió, esa parte del dolor de mi corazón salió, y pude disfrutar otra vez de la presencia de Dios. Otra vez disfrutaba de la unción, de los ríos de agua viva, y yo estaba dentro de la casa y me sentía muy feliz.

La unción duró poco. La alegría se me fue cuando salieron los dos hijos del adulterio. Cuando vi a esos muchachos, yo dije en mi interior: ellos no son mis hermanos, mis hermanos son los que viven en Puerto Rico, ellos son los hijos de adulterio, hijos del pecado". El Espíritu Santo me habla al corazón y me dice: "Rey, no pienses así, ellos no pidieron nacer, ellos son los que menos culpa tienen de todo este desastre, bendícelos".

Se me acercaron mis dos hermanos, y los abracé. De rodillas frente a ellos comencé a bendecirlos y a declarar: "Señor, bendice a mis hermanos. Te ruego por sus almas, santifícalos y bendícelos. Señor, yo te ruego que toda maldición generacional quede rota, y abro camino para que ellos te conozcan. Los bendigo en el nombre de Jesús". La unción volvió, junto con los ríos de agua viva y el gozo. Yo me sentía muy feliz, veía a mis hermanos y me sentía contento. Pero, otra vez, la unción duró poco…

Mi papá me dijo: "Hijo, siéntate a la mesa que mi mujer preparó un banquete para ti". Yo lo primero que pensé fue no probar un bocado de la comida hecha por las manos de esta señora. ¡Cuando mi mamá se entere que esta boca comió comida hecha por las manos de esta mujer...! Para empezar, mi mamá no sabía que yo estaba allí. Yo pensaba, "cuando regrese a Puerto Rico, soy hombre muerto". También le decía al señor en mi interior: "¿Cómo yo salgo de esta?"; y el Espíritu Santo me dijo: "¡Rey, mata y come...!", perdón, quise decir "bendice y come" ...no llames inmundo lo que yo he santificado, así es que bendice esa comida y come".

De inmediato dije: "Señor, bendice esta comida, bendice las manos que la preparó, amén". La unción volvió, la alegría y el gozo volvieron, yo me senté y comí y fue maravilloso. Nunca en mi vida había experimentado un proceso que purificó mi corazón a un nivel que yo no sabía que podía ocurrir. Muchas veces pensé que la purificación del corazón ocurre en los altares, cuando los ministros oran por nosotros y nos ministran, y que ahí es donde el Espíritu Santo obra. Sin embargo, en muchas ocasiones lo que ocurre es como una impartición especial de Dios para que salgas del templo a enfrentarte a lo que no te quieres enfrentar, porque cuando haces eso, amas lo que nadie ama, soportas lo insoportable y bendices a quien nadie bendeciría. Entonces es allí donde ocurre el milagro de liberación y el milagro de purificación del corazón.

Todo esto fue una experiencia que me hizo nacer de nuevo. Cuando yo salí de esa casa hacia Puerto Rico, salí como un niño. Junto conmigo salió una carta que la señora le escribió a mi mamá.

Yo soy la mujer que destruyó tu familia, soy la adúltera que te robó a tu marido, he pecado contra Dios y contra ti, he pecado contra tus hijos, y he hecho demasiado daño. Yo tengo hambre de Dios, tengo sed de Dios, pero jamás pisaría una iglesia porque reconozco la grandeza de mi maldad. Si tú eres capaz de perdonar, entonces creeré que Dios me puede perdonar.

Mi mamá le escribió una carta de vuelta, y le dijo:

Permíteme decirte que llevo mucho tiempo orando por ti y por tu marido. Yo los he perdonado a ambos. Dios ha venido a visitarme, sus misericordias han sido maravillosas para conmigo y me han restaurado la vida, y yo sueño con el día que ustedes vayan a una iglesia y conozcan a Jesús, razón por la cual los he bendecido y llevo años bendiciéndolos. Por favor, visita la iglesia, yo te perdono, te libro de toda culpa, eres libre de toda responsabilidad. Es más, cuando vengan a Puerto Rico, si quieren visitarnos, serán bienvenidos a nuestra casa.

¡Esa es mi mamá!

Mi papá ha ido a casa, pero no se atreve a llevar a la señora. Cuando nos visitó la primera vez, recuerdo que ese día yo le dije: "Papá, ¿dónde está la señora?", y me dijo: "Hijo, la vergüenza es tal que no me atrevo a traerla a este santuario". Cuando mi mamá le dijo, "ven", lo abrazó, lo besó, lo agarró por el brazo y le dijo: "Te preparé tu comida preferida para que estés con tu familia otra vez y nos disfrutes".

Nos sentamos a la mesa, y cuando oramos, él lloraba. Mis padres siguieron con el proceso de divorcio, él tiene ya su familia y otra relación. Yo no pretendo que eso no ocurra, pero lo más importante que realmente tenía que ocurrir era que nuestros corazones se purificaran de tanto dolor. Toda esa maldad que nos golpeó no nos pudo atar el corazón porque Dios nos mandó a amar y perdonar, y nos llamó a soportar lo insoportable con el puro amor de Dios, que ha escogido la misericordia para salvar, antes que el juicio.

Por lo tanto, si piensas que tienes "razones" para condenar, no lo hagas, porque eso contaminará tu corazón. Decide hoy bendecir a todo el que te ha hecho daño, y verás la gloria de Dios sobre tu vida. Dios no solamente trajo sanidad a mi hogar y a mi corazón, sino que esto me ayudó a ser un mejor esposo y papá, y tengo la dicha de testificar que también trajo sanidad a toda la familia. Ahora mi papá me invita a irme con él unos días y nos vamos a vacacionar junto a la señora.

Quiero terminar este capítulo invitándote a orar, porque quizá te has

> Decide hoy bendecir a todo el que te ha hecho daño, y verás la gloria de Dios sobre tu vida.

identificado de alguna forma con lo que has leído en estas páginas, y sabes lo que tienes que hacer. Será difícil, pero oremos para que las fuerzas no te falten y el poder de Dios venga, repose sobre ti, y te inspire para hacer lo que tú sabes que tienes que hacer.

Reflexiona

1. Trae a tu memoria una situación muy difícil de tu vida donde el Espíritu Santo te obligó a enfrentarte a lo que no querías o a quien no querías acercarte. Escríbela en detalle. ¿Cómo te sentiste durante el proceso?

_____

_____

_____

_____

2. ¿Lograste perdonar o pedir perdón? ¿Reconociste y liberaste el dolor que habías retenido?

_____

_____

_____

_____

_____

3. ¿Has logrado cambiar tu conducta después que obedeciste al Espíritu Santo?

_____

_____

_____

_____

_____

OREMOS:

Padre, trae una dimensión nueva de pureza a mi corazón y al de toda mi familia. Clamo para que la presencia del Espíritu Santo venga a posarse sobre mí, de manera que tome una postura valiente para romper y quebrar las consecuencias de la maldad de otras personas. Te pido, Señor mío, que impartas sobre mi vida una sabiduría extraordinaria para hacer con prudencia tu voluntad. Fortaléceme, bendíceme, y te ruego que lleves mi corazón a una dimensión de pureza nunca conocida. Esto te lo pido en el nombre del Padre, del Hijo y del Espíritu Santo, amén.

El yugo fácil: hombre manso, mujer humilde

El yugo fácil: hombre manso, mujer humilde

Venid a mí todos los que estáis trabajados y cargados, y yo os haré descansar. Llevad mi yugo sobre vosotros, y aprended de mí, que soy manso y humilde de corazón; y hallaréis descanso para vuestras almas; porque mi yugo es fácil, y ligera mi carga.

—Mateo 11:28-30

He conocido a Cristo, he tenido un encuentro real y verdadero con Dios, y el poder del Espíritu Santo ha operado muchos cambios en mi vida, no obstante, mi carácter sigue siendo un reto para Dios. ¿Te identificas conmigo?

Nuestro carácter en muchas ocasiones combate contra los frutos del espíritu, que se supone los llevamos con nosotros. Yo sé que no hay muchas personas que van a decir "¡yo soy uno de ellos!", pero sé que no estoy solo en esta comunidad.

Dios me dio la dicha de conocerle y el Espíritu Santo produjo muchos cambios en mi vida. Sin embargo, he tenido que luchar toda mi vida para evitar heredar ese carácter fuerte, de hombre duro, ese hombre que con poco explota. He tenido que humillarme como no tienes idea, y he tenido que rendirme a los pies de Jesús. He llorado mucho en la presencia de Dios para poder tener un matrimonio saludable y levantar hijos que amen a Dios apasionadamente.

La unidad cuesta, y si hay algo que hace crecer a un ser humano es el matrimonio. Cásate y crecerás, o si no, morirás. Pasará una de dos: o mueres o creces, porque el matrimonio tiene la capacidad de destruirte o de construirte, pero es evidente que todo el que crece dentro de un matrimonio es porque ha tenido que aprender a morir.

No he encontrado a nadie que esté casado que me diga que todo es color de rosa, es más, el que se atreva a decírmelo le voy a decir mentiroso, porque estamos hablando de que independientemente de la cultura familiar que tú traigas, el simple hecho que Dios junte a un hombre con una mujer, eso ya es un reto. ¿Por qué? Porque somos diferentes.

> El matrimonio puede destruirte o construirte... crecer en él requiere aprender a morir.

Dios nos hizo diferentes a propósito, inclusive nos configuró diferentes. Las mujeres son todo sentimientos, son todo emociones; las mujeres son relaciones, todo lo juntan y todo lo unen.

Los hombres somos prácticos, separamos una cosa de la otra, todo lo ponemos en compartimientos; tenemos nuestras emociones en un lugar, nuestros sentimientos en otro, y nuestros pensamientos en otro. Por eso cuando vamos a hablar y tratamos de ponernos de acuerdo con nuestras esposas, nosotros vamos a hablar del asunto particular que nos ha traído aquí.

En cambio, ella no puede, porque cuando quiere hablar del asunto, empieza a referirse a lo que pasó hace cinco años atrás. Mete en la conversación a los hijos y mil temas más... en fin... ¡qué no harían ellas en una discusión! Nosotros estamos tratando de ponernos de acuerdo con ellas y nos confundimos. ¡Siempre ocurre lo mismo! Nosotros decimos, "no te entiendo" y ella dice, "¡pero esto es sencillo!".

DIFERENTE...
Y SOFISTICADA

Te voy a dar un ejemplo de lo complicado que es entender a una mujer, porque ella es un instrumento muy sofisticado que ha sido configurado con una complejidad espectacular; hay una tecnología que no es conocida en este mundo, y esa es la mujer. Es el ser más sofisticado que Dios ha creado sobre la faz de la tierra. El que aprenda a amar a una mujer necesitará mucha sabiduría. El hombre que da en el clavo y logra hacer feliz a una mujer es porque se ha convertido en un hombre sabio; en cambio, un hombre simple no logra alcanzar el corazón de una mujer, o al menos mantenerlo.

Te doy un ejemplo: voy a salir de casa, y ya me han enseñado el protocolo de despedida mañanera, porque tú no puedes despedirte de una mujer, así como te despides de los hombres. Nosotros solamente decimos, "nos vemos, adiós, Dios te bendiga, buen día", pero tú no hagas eso con una mujer. A mí me han enseñado que yo tengo que ir donde ella, y cariñosamente decir, "mi amor, me voy", mirarla a los ojos y decirle suavemente, "Dios te bendiga". ¡No se te ocurra darle un besito e irte! Me refiero a un besito como picotea un pollo. Eso no. Hay que darle un besito largo, y luego decirle: "Que pases buen día, Dios te bendiga". Sí... ¡hay que hacer todo ese protocolo!

Yo aprendí eso y lo estoy practicando. Recuerdo que una vez Mildred estaba en el fregadero, y voy con todo el protocolo, pero siento que ella está un poco rígida, así que le digo, "buen día, mi amor". Entonces la miro y le pregunto: "¿Te pasa algo?", y recibo un escueto "no" de respuesta. Eso antes no me importaba, en otro momento yo le hubiera dicho, "si tienes un problema resuélvelo tú sola". Ahora me han enseñado a que tengo que ser sensible, y que los hombres hablamos de lo que nos pasa cuando necesitamos algo, en cambio ellas no, ellas quieren hablar, y van a hablar... ¡pero ellas prefieren que se lo saquemos de la boca con una cucharita...!

El asunto es que yo, como buen discípulo de Jesús, me quedo. Estoy

> El hombre que da en el clavo y logra hacer feliz a una mujer es porque se ha convertido en un hombre sabio.

desesperado por irme, porque sé que voy a llegar tarde a mi trabajo, pero me quedo por consideración.

—Mildred, me parece que te pasa algo, ¿estás bien?

—Sí.

—Mildred, por favor, dime la verdad.

—¿Quieres saber la verdad?

—¡Claro que sí, mi amor, quiero saber!

—Pero se supone que deberías saberlo...

Mujeres, hermanas, amigas... ¡Por favor! ¡Honestamente no sabemos! ¡Sinceramente no sabemos!

—...Rey, pero es que ya lo he explicado.

Mujeres, explíquenlo otra vez. ¡Se nos olvidan las cosas!

—Mi amor, de verdad, no sé qué te pueda pasar.

—Es que yo siento que no me amas lo suficiente.

—Mildred, tú sabes todo lo que yo me he esforzado por cambiar y por ser diferente y sensible. Yo no estaría aquí haciendo lo que hago si no fuera porque te amara. ¿De qué manera te lo podría demostrar?

Descubrí que la mujer, en cuanto al amor se refiere, es como un barril sin fondo; mientras más la amas, más quiere, y más y más... parece que es interminable. Nosotros que estamos aquí, luchando en el nombre de Cristo para amarlas y darles todo lo que necesitan, nos gastamos y todavía sentimos que estamos a mitad de camino.

Entonces yo le digo: "Mildred, por favor, explícame por qué te sientes así". Ustedes no van a creer lo que yo les voy a decir, pero ella me contestó así:

—¿Cuánto tiempo hace que esa cosa de la ventana está rota?

—Espérate, Mildred... vamos a separar una cosa de la otra. ¿Qué rayos tiene que ver una pieza rota de la ventana con nuestro amor, nuestro romance y nuestro matrimonio?

—¿Es que tú no lo entiendes?

La verdad es que jamás podré entenderlo. Así que ella continúa...

—Es que, para nosotras, las mujeres, una casa no es solo cemento, aluminio y cristal, no. Una casa es nuestro hogar...

—Ajá.

—¡Es el nido de amor donde criamos a nuestros hijos!

—Ajá.

—¡Es donde nosotros estamos construyendo nuestra familia, y nuestra casa no es una cosa que sea independiente de nuestra familia!

—Ajá.

—Entonces, Rey, yo siento que...

Hombres, cuando las mujeres dicen "yo siento", por favor, el que tenga oídos para oír, trate de escuchar.

—Yo siento que cuando tú descuidas la casa y no le das mantenimiento, cuando permites que las cosas se rompan y caminas por ahí y no las arreglas, es porque estás perdiendo amor por mí y por la familia. Cuando le pierdes interés a la casa, me pierdes interés a mí, así lo siento.

—Mildred, vengo pronto.

¿Qué creen? Me subí al carro, fui a la ferretería y compré esa pieza que hacía falta. Hacía dos años que estaba rota. Regreso a mi casa, voy a la ventana, y no me demoro más que quince minutos en poner la pieza. Luego voy donde ella a despedirme (yo sabía que llegaría tarde al trabajo) y le digo: "Mildred, arreglé la ventana, me voy". Ella está emocionada hasta los tuétanos, me mira tiernamente con una cara de agradecimiento increíble y me abraza dulcemente... y lo que pasó esa noche no te lo puedo contar.

Yo todavía no entiendo, pero te aseguro que en mi casa no hay una sola ventana rota. Tengo mi casa al día porque descubrí que hay una gran bendición en mantener la casa en orden. Este es un pequeño ejemplo de las realidades que viven un hombre y una mujer cuando están unidos en matrimonio, tratando de entenderse cuando ambos son tan diferentes.

Hay hombres que vienen a mi oficina a pedir consejería; ellos están allí y desahogan toda su amargura. Sus esposas están ahí sentadas, y ellos quejándose, diciendo "mi esposa es así y así...". Yo los dejo hablar, pero ellos siguen, y cuando se cansaron de desahogarse, yo les digo: "Mire, hermano, su problema es muy sencillo: usted se casó con una mujer, eso es todo. Lo que usted está pretendiendo es que ella deje de ser mujer; lo único que usted tiene que hacer es aceptarla porque Dios la creó así.

Cuando criticas a tu marido porque él es cuadrado, criticas a Dios, porque a ti Dios te creó sofisticada y compleja, pero a nosotros nos creó simples y cuadrados. De la misma manera, los hombres no debemos criticar a las esposas, porque al hacerlo criticamos a Dios; simplemente así fue como Dios las diseñó.

CÓNYUGES, APRENDAN LOS IDIOMAS, UNO DEL OTRO

Si hay algo que todos tenemos que hacer es aprender el idioma de nuestro cónyuge, porque el hombre habla un idioma y la mujer habla otro. Para entendernos y disfrutarnos, vamos a necesitar que cada uno aprenda el idioma del otro.

Te doy un ejemplo: si un hombre quiere hablar con una mujer, él tiene que darle vueltas al asunto y decirle: "Mi amor, tú eres un regalo de Dios para mí, tienes unas cualidades que me encantan y tú 'eres así y eres así'. Me gusta esto de ti y también me gusta aquello de ti …y quisiera hacerte una observación". ¡No vayas al punto tan pronto empieces, porque perdiste tu oportunidad!

Ahora, mujer, con mucho respeto te lo digo: Ve directo al punto. No empieces a darle vueltas y vueltas al asunto porque desesperas, y ya no se te puede escuchar, ¡ya después de un minuto los hombres entramos en fatiga auditiva!

Tengo que hablar de Mateo 11, el versículo que encabeza esta parte del libro. Lo interesante de Dios es que, en muchas ocasiones, cuando tú vienes a buscar ayuda de Dios, te encuentras con una gran sorpresa como esta: Jesús le dice a la gente que está cansada, trabajada y cargada, *"venid a mí y yo os haré descansar"*. Para una persona que está cansada, fatigada, cargada y trabajada, escuchar a Jesús decir eso, de inmediato lo invitaría a decir: "¡aquí estoy, Señor, ¡dame descanso!". Entonces viene Jesús y dice, "OK, pon mi yugo sobre ti". Y nuestra reacción es inmediata: "Pero, Señor, ¿acaso no me ibas a dar descanso? ¿Tú no me vas a quitar cargas? ¿Cómo es que me pides que me ponga tu yugo?

¿Sabes qué es un yugo? Para los que saben algo de labrar la tierra, el arado es un aparato de metal que corta la tierra, pero ese arado es halado por la fuerza de dos bueyes. La tierra está tan endurecida y se necesita tanta fuerza para romperla y abrirla, que se necesita la fuerza de dos poderosos bueyes para halar ese arado. Pero ¿qué ocurre? Hay una pieza que no puede faltar en ese proceso de arar la tierra, que es el yugo.

El yugo es un pedazo de madera muy pesado y fuerte, y tiene que ser así porque ese yugo se pone sobre el cuello de los dos bueyes, y se amarra a sus cuernos. Eso quiere decir que esa madera fuerte y pesada hace el trabajo de unir las dos cabezas de los bueyes y ponerlos a caminar juntos. Si ese yugo no estuviese amarrado a las cabezas de los bueyes, viene el labrador, les ordena a los bueyes que avancen, y ellos empezarán a caminar uno junto al otro. Cuando empiecen a chocar cuerpo con cuerpo, la tendencia natural será que uno vaya en una dirección y el otro se vaya en otra dirección, y en un momento dado el arado se romperá. Quiere decir que, si hay una pieza imprescindible para lograr la unidad de esas dos cabezas, es el yugo.

Entonces viene Dios y nos dice: "¿Quieres descanso?". "Sí". "¿Estás trabajado y cargado?". "Sí". "¿Estás fatigado?". "Sí". Allí el Señor te dice: "OK, te voy a

> Para entendernos y disfrutarnos, vamos a necesitar que cada uno aprenda el idioma del otro.

hacer descansar... ¡ponte mi yugo!". Una vez que tenemos el yugo puesto, reclamamos: "Pero, Señor, ¡no te entiendo! ¡Vine a buscar descanso y me pusiste esto en el cuello!".

Estas son las contradicciones de Dios. Lo que pasa es que detrás de esas contradicciones hay mucha sabiduría, y solamente los que tienen fe y los piadosos son los que logran abrazarse al mensaje del evangelio, aunque amenace algunos de nuestros intereses. ¿Por qué crees que hubo tanta gente que escuchó el mismo mensaje, y a unos los llevó al arrepentimiento y al bautismo, pero a otros les provocó rebeldía y que abandonaran a Jesús?

Fue el mismo mensaje, declarado en el mismo lugar. Hubo personas que se rebelaron contra el mensaje porque no lo entendieron y les parecía una contradicción. "Este es un loco, no sabe lo que está diciendo, me está prometiendo descanso y me está añadiendo cargas". Pero el que ama a Dios, aunque no lo entienda, sabe que en aquello que no entiende hay sabiduría, y si Él dijo que me iba a dar paz y me iba a dar descanso, yo lo creo, aunque las cosas no parezcan así. Ese es el corazón de un piadoso.

> En los únicos hogares donde el poder de Dios se manifiesta, es donde hay paz.

Todo aquel que vive un matrimonio y quiere tener una familia donde la presencia de Dios se pasee en su casa, va a tener paz en su casa. Y permíteme decirte que en los únicos hogares donde el poder de Dios se manifiesta, es donde hay paz. Dios no habita en todo lugar, porque no todo el que dice "Señor,

Señor" entrará al reino de los cielos,[5] y no todo el que ora provoca la presencia de Dios.

Hay gente que ora, pero no tiene paz; hay gente que ora, pero tiene un carácter belicoso; hay gente que ora, pero a la hora de tratar a los miembros de su familia, sobre todo a su mujer o a su marido, son gente que tienden a ser hostiles; y donde no hay paz, allí no está Dios, por más que su nombre sea invocado.

Él dice, "yo te voy a dar paz, pero te tienes que poner mi yugo". Dios definió lo que era el yugo. No se trata de un pedazo de madera pesado que te pones sobre tu cabeza. El yugo de Jesús se llama mansedumbre. Él te está diciendo, "¿quieres tener paz?". Conviértete en una persona mansa; "¿quieres tener paz?". Conviértete en una persona humilde.

El diccionario dice que el manso es una persona tranquila, sosegada, apacible; es una persona que se convierte en la figura de autoridad. ¿Sabes por qué? Porque las personas mansas se ganan el derecho de ejercer autoridad. El manso es aquel que ha desarrollado una fuerza para dominar su propia voluntad, y esa fuerza que ha desarrollado ha sido para sujetarse a la voluntad de Dios por encima de cómo se sienta, si está complacido o no, si se siente feliz o no, o si el otro está cooperando o no. Independientemente de cómo los demás actúen, operen y caminen, yo debo decidir caminar en el orden de Dios y convertirme en una persona mansa.

El problema es que hay algunos como yo, que para ser manso vamos a tener que llorar en la presencia de Dios y

---

5. Ver Mateo 7:21.

practicar lo que es ser manso. Yo tenía un gran problema entre mi lengua y mi pierna; se me enredaban. ¿A qué me refiero? A que empezaba a hablar bien, y a mitad de camino metía la pata. Empezaba a hablar tranquilo, y si algo no me gustaba empezaba a enfurecerme. Entonces oraba, ayunaba y le pedía al Señor que me ayudara a desarrollar una nueva personalidad.

En ocasiones parecía un loco, me encerraba en el baño y me miraba frente al espejo, para practicar lo que iba a conversar con mi esposa. Allí decía: "Mildred, tengo que hablar contigo...". Yo sabía que las mujeres tienen un escáner en los ojos, así que tenía que cuidar mis gestos. Ellas te observan, y con solo mirarte el rostro, ellas se perturban. ¡Y eso que todavía no he abierto la boca! Pero el asunto era que Mildred sentía que yo la miraba mal. Entonces yo tenía que practicar en el espejo, relajar mi cara y decir con gesto dulce: "OK, Mildred, necesito hablar contigo". Luego pensaba: "Eso no, quizá así, "mi amor, ¿podemos hablar?". ¡Eso me quedó mejor!". ¡Tenemos que practicar, hermanos!

Hay frutos del Espíritu que no vienen así, no más por obra y gracia del Espíritu Santo. Si el Espíritu te va a dar la unción, Él te dará el poder para querer hacerlo; inclusive te dará el poder para cambiar, pero eres tú quien tiene que procesar el cambio y comenzar a romper los patrones de comportamiento y esos patrones naturales que has adquirido. Romper aquello va a costar, y a mí me costó mucho, porque de manso, naturalmente, no tengo ni un pelo, pero si hay mansedumbre en mí es todo obra de Dios.

EL HOMBRE MANSO
Y LA MUJER HUMILDE

Yo creo que, si algo necesitamos los hombres, es mansedumbre; pero si algo necesitan las mujeres, es humildad. Nosotros, naturalmente, somos ásperos, razón por la que el apóstol Pedro nos enseña que tenemos que tratar a nuestras esposas sabiamente, porque si no, nuestras oraciones van a tener estorbo en la presencia de Dios. Los cielos se cierran sobre los hombres ásperos con sus esposas. Así que si tú has orado y ves que no hay respuestas, pregúntate si estás siendo dulce con tu mujer o sigues siendo áspero, porque Dios defiende a las mujeres más de lo que nos defiende a nosotros.

Herir el corazón de una mujer es herir el corazón de Dios, por lo tanto, tenemos que luchar por ser mansos, pero la mujer tiene que luchar por ser humilde, porque Dios la dotó, es más, Dios la sobre dotó... ¡Está bien! Acepto que las mujeres son mucho más capaces que nosotros, que tienen más dones y más sensibilidad que nosotros. Reconozco que lo más parecido a Dios aquí en la tierra son las mujeres.

Ahora me gané el derecho a decirles a ustedes, mujeres, lo que les voy a decir... A las mujeres les cuesta pedir perdón. Nosotros, los hombres, pedimos perdón, pero ¡qué difícil es que una mujer lo haga! La mujer, cuando sabe quién es, reconoce todas sus virtudes y capacidades. Ella es una persona superdotada para administrar un hogar, a los hijos, educarlos, trabajar y producir, y encima de eso sabe embellecerse, en fin, es una persona maravillosa.

De pronto se da cuenta de que su marido es algo torpe, y que hay que recordárselo todo. Entonces comienza a sentirse decepcionada. ¿Has escuchado algunas mujeres diciendo, "tengo a tres hijos, pero estoy criando a cuatro"? ¿O eso solo se dice en Puerto Rico? Ellas comienzan a desarrollar un espíritu de superioridad, y no lo aceptan, pero comienzan a tratar a sus maridos como si fueran sus hijos. Les cuesta mucho que sus maridos asuman el papel que Dios les ha dado, y resisten muchas veces la autoridad de sus esposos.

Por eso es por lo que Dios no te manda a amar a tu marido. Busca ese mandato, no lo vas a encontrar, porque tú naturalmente vas a amar, aunque no te manden a hacerlo, porque Dios es amor, así como la mujer es todo amor, y la mujer va a amar por naturaleza; pero no sabe lo que es respetar a un hombre, y le cuesta hacerlo. La mujer necesita desarrollar mucha humildad, para que aun sabiendo quién es ella y todas las capacidades que tiene, trate a su marido como si él fuera superior a ella.

La Escritura dice que debemos tratarnos los unos a los otros como si los demás fueran superiores a nosotros. En realidad, no lo son, nadie es superior a ti, pero a la hora de tratar a una persona, las mujeres humildes tratan a sus maridos como si ellos fueran superiores a ella, razón por la cual son espléndidas a la hora de estar con ellos. No son ligeras al hablar y no son mandonas.

Todos los días, en todas las casas, las mujeres les dan una orden a sus maridos. Todas las noches, por ejemplo, ella dice: "Mira, nene, bota la basura, ¡yo no tengo que decírtelo! ¡Bendito sea Dios! ¡Yo estoy a cargo de todo y tú lo que haces es ver televisión cada vez que llegas del trabajo! ¡Asume la iniciativa, preocúpate por botar la basura!".

Mujeres, aunque todo eso sea cierto, no le des órdenes a tu marido. Cuando las mujeres les dan órdenes a sus maridos, les faltan el respeto. No pienses mal de mí. Seguro que tu pregunta es: "¿Y cómo resuelvo este problema, pastor?". Te voy a dar una clave para para que actúes humildemente:

—Mi amor, ¿me permites interrumpirte? Necesito que me hagas un favor. ¿Me ayudas?

—Sí, mi amor, ¿qué deseas?

—¿Serías tan amable de botar la basura?

Las mujeres no ordenan, ellas preguntan si pueden ayudarles. Esto es solamente un pequeño consejo para mostrar cuánta necesidad hay de que todos los hogares cristianos se conviertan en lugares de paz. Cuando los hogares son espacios de paz, la presencia de Dios se pasea. Cuando vienen tus vecinos y entran a tu casa, ellos dicen: "Aquí se respira algo diferente, se respira paz, qué lindo ambiente hay en esta casa".

Somos dos personas muy diferentes, y queremos disfrutarnos muchísimo y agradarnos dentro de lo diferente que somos, porque lo que yo no tengo, tú lo tienes, y viceversa, y así nos complementamos el uno del otro. La única forma en que podemos comenzar a desarrollar un ambiente de paz y vivir en esa paz, es trabajando diariamente en convertirme en un hombre manso, en convertirte en una mujer humilde, donde los dos hagamos un esfuerzo delante de Dios de practicar la mansedumbre y practicar la humildad. No importa las crisis que se avecinen en nuestra vida matrimonial y familiar, todo se puede resolver en un espíritu de mansedumbre y humildad.

Si te has sentido identificado en algo con lo que leíste en este capítulo, te invito a orar. Quizá sientes que tienes un carácter difícil y que todavía estás luchando por querer mejorar tu personalidad dentro de tu hogar. Quizá quieres aumentar la unción en tu casa y asegurar que la presencia de Dios nunca se escape de allí, o que regrese. La única forma de que eso ocurra es que hoy hagas un compromiso con Dios de trabajar en ayuno y oración, practicando arduamente para convertirte en una persona mansa y en una persona humilde.

Reflexiona:

1. ¿Hombre, has intentado hablarle a tu esposa con mansedumbre y ternura? Escribe unos ejemplos.

_____

_____

_____

_____

_____

2. ¿Mujer, cuando tienes una desavenencia con tu esposo, te empecinas en que el primero que debe pedir perdón es él? ¿Has probado pedir perdón tú primero, con humildad?

_____

_____

_____

_____

3. ¿Cuáles decisiones has tomado o qué has hecho para crear un ambiente de unidad y de paz en tu hogar?

_____

_____

_____

_____

_____

OREMOS:

Dios, yo sé que tú estás aquí, y ruego que la gracia de tu Espíritu ahora mismo se derrame en mi familia. Señor, quiero enfocarme en esto: hazme un hombre manso, hazme una mujer humilde. Ayúdame, Señor, a practicar este fruto hasta que se convierta en parte de mí, y ruego que añadas en mi familia otra dimensión de paz. Quiero descansar en ti y quiero disfrutar de mi familia por el resto de mis días en un ambiente de completa paz. Yo sé que en la medida que te obedezca y me sujete a tu voluntad, veré mi casa dominada por el Reino de Dios. Gracias te doy, en Cristo Jesús, amén.

Fundamento 6

Cumplir con el deber conyugal

Cumplir con el deber conyugal

En cuanto a las cosas de que me escribisteis, bueno le sería al hombre no tocar mujer; pero a causa de las fornicaciones, cada uno tenga su propia mujer, y cada una tenga su propio marido. El marido cumpla con la mujer el deber conyugal, y asimismo la mujer con el marido. La mujer no tiene potestad sobre su propio cuerpo, sino el marido; ni tampoco tiene el marido potestad sobre su propio cuerpo, sino la mujer. No os neguéis el uno al otro, a no ser por algún tiempo de mutuo consentimiento, para ocuparos sosegadamente en la oración; y volved a juntaros en uno, para que no os tiente Satanás a causa de vuestra incontinencia.

—1 Corintios 7:1-5

Quiero compartir una palabra que, confieso, nunca la he compartido. Así que voy a tener mucho cuidado al tocar el tema, pero creo que es inevitable y muy necesario que lo toque. Es un tema un poco neurálgico, en el sentido de que hay personas que cuando entran a este capítulo siete de Primera de Corintios se sienten un poco amenazadas. Pero yo te digo en el nombre del Señor, que no temas, porque esta es la verdad que te hará libre.

No te sientas amenazado por estas verdades, porque además de hacernos libres, nos harán disfrutar un matrimonio, pero no como yo lo entiendo, sino como lo propone Dios; no como yo creí que fue diseñado, sino como Dios lo diseñó. El Creador nos dará a través de este capítulo una revelación de sabiduría para que entendamos no solamente lo espiritual de un matrimonio, sino también el aspecto natural.

Antes de darle un vistazo a los versículos que encabezan este capítulo, quiero saltar hasta el versículo 32:

Quisiera, pues, que estuvieseis sin congoja. El soltero tiene cuidado de las cosas del Señor, de cómo agradar al Señor; pero el casado tiene cuidado de las cosas del mundo, de cómo agradar a su mujer. Hay asimismo diferencia entre la casada y la doncella. La doncella tiene cuidado de las cosas del Señor, para ser santa así en cuerpo como en espíritu; pero la casada tiene cuidado de las cosas del mundo, de cómo agradar a su marido.
—1 Corintios 7:32-34

El casado tiene dos congojas: la primera es la de tener que negarnos a nosotros mismos para agradar a Dios, y también tenemos la segunda, que es negarnos a nosotros mismos para agradar a nuestras esposas.

Es sorprendente que quien más habló, enseñó, escribió y predicó sobre el matrimonio, fue el apóstol soltero. Parece una barbaridad. Yo hubiese esperado que quien hubiese hecho todos estos escritos sobre el matrimonio fuese Pedro, porque era casado, y no solo tenía conocimiento de los principios bíblicos sobre el matrimonio y familia, también lo vivía.

Pero lo más sorprendente de Dios es que Él escoge a un apóstol que tiene el don de continencia. ¿Sabes qué es esto? Es un don dado por Dios, donde la persona, sexualmente hablando, está absoluta y totalmente "apagada". Es como un don de Dios donde todo ese aspecto de la vida humana del erotismo y la sensualidad están totalmente apagados por el espíritu de Dios con un propósito particular.

Quiere decir que Pablo ni sentía ni padecía, razón por la cual se quedó soltero toda la vida. Nunca se casó porque entendió que Dios lo llamaba para ser un apóstol 24/7, dedicado por completo a la proclamación del evangelio; y la voluntad de Dios fue que él no tuviese esposa, matrimonio, hijos o familia. Para colmo, a quien Dios escogió para darle esta revelación, fue al apóstol con el don de continencia.

Esto es importante, porque no estamos hablando de un hombre que por causa de sus cargas sexuales y de su naturaleza carnal y sensual, recomienda y ordena estas cosas. Está hablando un hombre que no siente ni padece en cuanto a la sexualidad se refiere, y todo lo que aquí está escrito Dios se lo reveló. Quiere decir que quien resiste este consejo, resiste a Dios, y el que no quiere someterse a estas verdades tiene un problema, porque está obstaculizando que una unción especial de Dios se apodere de su matrimonio.

Por lo general, la mayoría ha considerado que su sexualidad es la parte más carnal, pero he descubierto a la luz de las Escrituras que lo más espiritual que tiene el ser humano es su sexualidad. Esa es la razón por la cual Satanás la quiere robar. Él sabe cuánto poder, cuánta unción y cuánta autoridad divina fluye en una persona que tiene su vida sexual en orden, y que disfruta al máximo su vida sexual dentro del contexto de santidad en que Dios la creó.

Volviendo al hecho interesantísimo de que Pablo era un hombre con el don de continencia, reitero que la sabiduría de estos temas responde a una revelación extraordinaria de Dios. Regresemos al pasaje bíblico que encabeza este capítulo, y observa lo que él dice en el verso uno. Ahora vas a entender por qué dijo eso en aquel verso:

> He descubierto a la luz de las Escrituras que lo más espiritual que tiene el ser humano es su sexualidad.

"En cuanto a las cosas que me escribisteis, bueno le sería el hombre no tocar mujer". En otras palabras, "bueno sería que todos los hombres fueran como yo, dedicados enteramente al evangelio, y que no necesiten de mujer para vivir". ¡Gracias a Dios que yo no tengo este don!, porque soy de los que creen que el que halla esposa, halla el bien y la benevolencia de Jehová.

Pero Pablo, el hombre con el don, dice en el verso dos: "pero a causa de las fornicaciones...", en otras palabras, "por causa de la tentación de la fornicación deben casarse, cada uno tenga su propia mujer y cada una tenga su propio marido para que no ande en calenturas extrañas ni quemándose".

¿Hay algo de pecado en las calenturas? ¡Dios nos creó calientes! ¿Habrá algún problema con esa quemazón? Dios nos creó sensuales, por eso no debemos tener problemas ni tenerle pánico al tema de la sexualidad porque Dios nos creó así. Junto con eso nos dio un espíritu que no es de cobardía, sino de poder, de amor y de dominio propio, para que con ese espíritu nosotros podamos tener bajo dominio nuestra vida sexual, desarrollando fuerza de carácter para mantenernos puros y sin fornicar hasta que llegue la mujer o el hombre de tu vida, quien será la única persona con la que te acostarás, y con quien disfrutarás del amor *eros* que Dios creó para nuestro deleite y para la procreación de la descendencia de Jehová.

En el verso tres, el apóstol soltero dice *"el marido cumpla con la mujer el deber conyugal, y asimismo la mujer con el marido".* ¿Qué es lo que quiere decir? Desde el momento en que te cases, tú eres responsable de cumplir con tu deber conyugal, es una responsabilidad, y no es un consejo de Pablo, sino una orden de Dios.

Cuando entras en el matrimonio, tu cuerpo no te pertenece. El día que te casaste le entregaste tu corazón a otra persona, y aunque no lo tenías del todo claro, junto con tu corazón le entregaste tu cuerpo a tu cónyuge. Ya no eres dueño de tu cuerpo, ahora tu cónyuge es el dueño de tu cuerpo. Eso implica que a medida que tenga apetitos sexuales, nosotros tenemos que seguirle y suplir sus necesidades sexuales, no porque Pablo lo recomienda, sino porque Dios lo ordena.

OTRA VEZ... ¡APRENDE SU IDIOMA!

Pero ¿cuál es el problema de esto? Que cada uno tiene un concepto de lo que es "cumplir con el deber conyugal", y probablemente es un concepto equivocado, razón por la cual hay muchas parejas cristianas que no están obedeciendo al Señor en este mandato.

La idea típica de lo que es cumplir con el deber conyugal para un hombre es esta: llega a las diez la noche a una habitación preparada y su deber conyugal comienza en el acto sexual mismo. ¡Ese el concepto de cumplimiento de deber conyugal! "Yo tengo que suplir esta necesidad de mi esposa, así es que "vamos al mambo".

¿Y qué le pasa a la mayoría de las mujeres? Cuando al hombre a las diez de la noche se le ponen los ojos cristalinos, se pone así como medio extraño y empieza a dar insinuaciones, ella se empieza a incomodar, se pone nerviosa. Comienza a pensar ¿cómo yo hago para zafarme de esto? Entonces dice: "¡Ay, tengo un dolor de cabeza...!", o si no, "¡ay, mi amor, los niños estuvieron tan difíciles hoy!", o también, "Ay, Dios mío, ¡mañana me tengo que levantar tan temprano!", en fin...

¿Por qué ocurre esto que es tan típico? Sencillamente porque el concepto de deber conyugal de la mujer comienza a las siete de la mañana. Cuando ella despierta quiere el primer beso mañanero, pero no para tener algo, sino solamente para empezar a preparar el ambiente para la noche. La experiencia de él comienza a las diez de la noche, razón por la cual él se despertó en la mañana, se levantó de la cama y no le dio el beso mañanero, porque no está pensando en eso.

Él se arregló, y ahora se va para el trabajo. Lo único que tiene metido en la cabeza son todos los puntos de su agenda para ese día. Él no está pensando en lo que va a pasar esa noche, por eso sale de su casa y solo dice, "amor, Dios te bendiga, adiós"; y la esposa se queda pensando...

"Pero... ¡Cómo se atreve a despedirse así de mí! ¡Que no me venga esta noche a buscar! ¿Por qué él no tiene la capacidad para entender que yo necesito empezar el asunto desde ahora? ¡Tiene que acercarse para despedirse! ¡Que me mire a los ojos, que me diga 'mi amor, me voy', que no me venga a dar un besito así, pica de pollo, no! ¡Que no me dé un besito, así como 'Dios te bendiga' que me deje nerviosa...!

Mujer que lees este libro, ¿tú crees que solo estamos pensando en eso? No, nosotros tenemos en la cabeza que hay que trabajar, y hay mucho que hacer.

Pero volvamos a la esposa que se quedó medio enfadada. Ella lo llama mientras él va de camino al trabajo y le dice: "Mi amor, no me gustó como te despediste"; y el caballero responde: "¡Ay, mujer, no seas tonta, yo tengo mucho que hacer! Hablamos después". Y ella entra en llanto.

¡Qué hombre más bruto! Así ella estará peor todavía. Pasa el día, él llega a casa cansado, y ella está así, como resentida. Sin embargo, ella piensa: "Bueno, voy a ver si él se redime ahora que está llegando". Pero tampoco, porque el concepto de deber conyugal de él empieza recién a las diez de la noche.

Entonces él llegó a casa: "Mi amor, Dios te bendiga, me voy a bañar, a cambiar, y hablamos después". Pasa un rato, y cuando llegó a la cocina vio el plato de comida, y dice: "Ah, ¡qué bueno!". Ahí recién le dio el besito a su esposa, pero ella piensa así: "Me está dando el beso solo porque allí hay un plato de comida".

¡El amor y el interés salieron al campo un día, y más pudo el interés que el amor que me tenía!

El problema sigue en escalada, porque ella está abrumada pensando "si este quiere algo, que se le ocurra ayudarme porque yo estoy cansada. Tengo que hacer, tengo que recoger los trastes, tengo que lavarlos, tengo que estudiar con los niños, tengo que... ¡que me ayude!". Pero parece que él no está tan cansado frente al televisor.

Dan las diez de la noche, y él está pensando: "Tengo que apagar el televisor y empezar a preparar el ambiente". Cuando él empieza a preparar el ambiente, ya ella está como una araña peluda. ¿Quién tiene la razón?

He llegado a la conclusión de que cuando se trata del tema de respeto, las mujeres no deben tratar de definirlo, porque ellas no saben lo que es respeto. Nosotros, los hombres, les enseñamos a las mujeres lo que es respeto. Pero cuando se trata del amor, no tratemos los hombres de definirlo, porque las únicas que saben amar de verdad son las mujeres.

Los hombres educan a las mujeres en cuanto a trato respetuoso se refiere; y las mujeres educan a los hombres en cuanto a trato de amor se refiere. Quiere decir que cuando se trata del deber conyugal, los hombres tenemos que aprender el idioma de amor de las mujeres. Para ellas un momento de intimidad comienza a las siete de la mañana en el momento del beso mañanero, comienza con los buenos días, con la despedida, con el mensaje de texto durante el día. Prosigue al llegar cuando cobijas a tu esposa con tu abrazo y la miras con cariño; y aunque estés cansado, la ayudas en la casa con los quehaceres. Para entonces, cuando llegue la noche, los dos están mega interesados para disfrutar de ese encuentro.

Por lo tanto, el hombre tiene que entender el idioma de la mujer para poder cumplir con su deber conyugal. Quiere decir que el hombre que pretende cumplir este deber como él lo ha definido, está en pecado. Allí no está cumpliendo con su deber conyugal. Pregúntale a tu mujer si estás cumpliendo con tu deber; ella es la única que te puede decir: "¡Lo estás haciendo bien, negrito!".

Yo le pregunto eso a mi esposa de vez en cuando, aunque no muy frecuentemente, pero se lo pregunto. Le digo: "¿Cómo lo estoy haciendo?". Ella me dice: "Bueno, del cero al diez..."; rara vez me da un diez, pero me da buenas calificaciones, porque ella me ha enseñado. Yo antes estaba en cero, y he ido subiendo poco a poco en la escala. Y que me dé ahora un ocho o un nueve, ¡soy el hombre más feliz del mundo! He tenido que hacerle esa pregunta porque yo quiero estar seguro de obedecer a Dios. Sé que en la medida que yo cumpla mi deber conyugal, Dios derramará sobre mi vida una unción y una autoridad especial.

ESTA PARTE VA PARA TI, MUJER...

¿Qué es para ella el cumplimiento del deber conyugal? Ahora vas a tener que calibrarte con tu esposo, porque el concepto de tu esposo es diferente al tuyo. Está bien, tú —como mujer— tienes esas expectativas, y tu esposo está haciendo un esfuerzo por cumplirlas, pero ¿cuáles son las expectativas de él? ¿Cuánto él necesita que participes, que seas activa, apasionada y que asumas un papel importante dentro de ese encuentro?

Hay hombres con profundas necesidades que sus esposas no están supliendo, y son presa fácil —o por lo menos sufren tentaciones— porque sus esposas no comprenden la naturaleza sexual de su marido, por lo tanto, son *light* a la hora de entrar en esa relación.

Permíteme decirte algo: los hombres, sexualmente hablando, cambian cada cinco años. El hombre que tú conociste en estos últimos cinco años no es el mismo hombre que vas a conocer ahora, vamos cambiando. Eso significa que si hay un tema que nosotros tenemos que hablar a lo largo de toda la vida es este tema. Lamentablemente es de lo que

> En la medida que yo cumpla mi deber conyugal, Dios derramará sobre mi vida una unción y una autoridad especial.

140

menos se habla en los matrimonios, razón por la cual hay hombres cristianos que viven sus matrimonios luchando por cumplir su deber conyugal, pero sufren mucha depresión.

La mujer se deprime por cuestiones emocionales y por conflictos de relaciones interpersonales con su esposo; pero los hombres se deprimen por su pobre experiencia sexual. Quizá tú crees que estás teniendo la mejor experiencia, pero él siente que está muy deficiente, y que hay cosas que él necesita en esos momentos y que tú no se las estás dando.

Dice la Escritura que es tu responsabilidad suplir esas necesidades. Allí se nos está dejando claramente una Palabra delante de la cual no podemos poner excusas:

"*No os neguéis el uno al otro*".

—1 Corintios 7:5

Esta es una orden de Dios, y algunos dirán, "pero, pastor, ¿acaso voy a ponerme ahí como un pedazo de carne para que me usen?".

Eso me han dicho mujeres cristianas llorando, con dolor en su corazón, y yo les digo: "No, tenemos un Dios de dignidad, y él no quiere que tú renuncies a tu dignidad. El Señor dice que tú debes amar a tu marido como te amas a ti misma, pero si ese hombre es adúltero, te ha fallado y tiene ese estilo de vida, no entiendo por qué sigues viviendo con él. Por dignidad has debido sacarlo de tu vida. Pero si él es un hombre fiel, solo que tiene torpezas y todavía no entiende algunas cosas en cuanto a las necesidades de las mujeres, eso no te da derecho a negarte a él, y entonces tienen que hablar".

Por ejemplo, en el caso que te acabo de mencionar, ¿cuál es el consejo que le puedo dar una mujer en ese caso? Si tú te sientes así y tu marido está por llegar a tu casa, ese día asegúrate de preparar el plato favorito de tu marido.

"Pero, pastor, ¿me está pidiendo que le prepare el plato favorito de mi marido el día que menos se lo merece?". Exactamente. El día que menos se lo merece, y él sabe que no se está portando bien; pero cuando lo trates con esplendidez, él se va a sentir extrañado. Lo llevas a la habitación, lo ayudas a quitarse los zapatos, él se mete a la ducha y tú te sientas en el inodoro a escucharlo y a hablar con él. Entonces él abre la cortina del baño y te dice: "¿Tú estás bien, mujer?". Y tú le dices: "Claro que sí, estoy aquí para conversar y compartir contigo".

Luego viene la cena, y mientras él está comiendo observa que se la sirvieron en plato de loza, con cubiertos de plata y servilletas de tela. Entonces él dice: "Pero... ¿viene visita hoy?"; y tú le dices: "No, mi amor, esto lo preparé exclusivamente para ti". Él ya está sintiéndose incómodo porque sabe que no se ha portado bien.

Cuando termina de comer, le dices: "Siéntate a ver un poco de televisión mientras arreglo la cocina". Cuando terminas de arreglar la cocina, te le acercas y le haces una grotesca insinuación. Él se queda espantado, y piensa: "¿Cómo es esto, si ella nunca ha sido así?". Luego le dices "ven", y lo llevas a la habitación, que ya está con las velas aromáticas prendidas, y le das sexo misericordioso.

Pero... ¡por favor, mujer...! Cuando termines no le digas: "¿Sabes que acabo de darte sexo misericordioso?". No se lo digas, porque dañas todo lo que hiciste. Lo que tienes que hacer es decirle al terminar todo: "Mi amor, ahora que nos vamos al baño, cuando regresemos tengo que hablar contigo". Ese "tengo que hablar contigo" significa que todo lo que tienes adentro se lo vas a expresar, y todo lo que hiciste por él, lo hiciste para ganarte el derecho a decirle todo lo que le vas a decir. Quizá el diálogo fluya así:

—Quiero que entiendas algo. Yo no vengo aquí a faltarte el respeto y a decirte cosas duras, vengo a abrirte mi corazón. Yo te amo, pero estoy seca. Yo te amo y aprecio esta relación, pero me siento vacía.

—¿Por qué dices eso?

—Por esto, por esto, por esto...

—Yo no sabía que eso era tan importante para ti...

Él tiene una sensibilidad especial, porque después de todos esos tratos *vip* y después de esa misericordia tan grande que le acaban de dar, ¡cómo él no se va a sensibilizar!

Nosotros no estamos haciendo lo necesario para sensibilizarnos los unos a los otros, porque muchas veces insistimos en vivir la ley de Moisés y no la ley de Cristo. ¿Sabes cuál es la ley de Moisés? Te trato como tú me tratas, te respondo como tú me respondes, te doy tanto como tú me das, no estoy dispuesto a ser yo el que te ame primero. Tú y yo estamos aquí, y hemos sido redimidos y destinados a la salvación, porque Dios, que nunca pecó y no tenía por qué hacerlo, estuvo dispuesto a amarnos a nosotros primero.

He repetido esto varias veces en este libro porque el amor es la ley de Cristo, y los cónyuges tenemos que practicarlo y recordarlo constantemente. Dios asumió la iniciativa en ser amor y dar amor primero, y eso es exactamente lo que Él nos está diciendo: "Quiero que mis hijos sean como yo, que asuman la iniciativa y no estén esperando a que el otro actúe para entonces ellos actuar".

La Escritura es clara, Pablo le está diciendo a los casados: "los solteros solo tenemos una congoja: el tener que esforzarnos por agradar a Dios, pero los casados tienen dos congojas y es no solo agradar a Dios; también tenemos que agradar a nuestro cónyuge. ¿Sabes lo que eso significa? Decir "yo necesito estas cosas de ti para que me agrades más". ¡Tenemos que hablarlo!" Esos hombres panzones, que les sale la panza por encima de la correa, deben preguntarle a su mujer si a ella le agrada esa panzota... Hay mujeres a las que no les gusta ver a su marido panzón, entonces ¿sabes qué tienen que hacer esos hombres? Eliminar esa panza si quieren agradar a Dios. El mandamiento bíblico dice que tú tienes que buscar cómo agradar a Dios, pero también estás obligado a agradar a tu mujer según las necesidades que ella tenga.

Si tú te vistes como te da la gana, y a ella no le gusta tu forma de vestir, tienes que aprender a vestir como a ella le agrada y buscar la manera de que ella se agrade de tu forma de vestir. Igualmente, para ti, mujer; si tú te vistes como te da la gana, y a él no le gusta, tienes que buscar la manera de que él se agrade de tu forma de vestir. Eso es solamente por darte un ejemplo, porque hay mil cosas alrededor de nuestra vida que, en la necesidad de acoplarnos como esposos, estamos obligados a hacer para agradar conforme al mandamiento bíblico.

Nosotros tenemos que expresar cuál es nuestra naturaleza y cómo somos. Hay mujeres que se molestan con sus maridos porque al otro día de haber tenido un encuentro íntimo, ellos están "listos" otra vez. Entonces ella dice, "no... han pasado dos días recién, dame un respiro". Ante eso, los hombres tienen que ser honestos y expresarles a sus esposas: "Mira, mujer, los hombres somos así, a los dos días nuestras vesículas seminales se llenan, y cuando están llenas, la temperatura del cuerpo aumenta, la presión sanguínea sube, nos empieza a dar insomnio, nuestros ojos se hacen agudos, y somos muy sensibles al tacto. Empezamos a sentir como una ansiedad, y al acostarnos al lado de un cuerpo con poca ropa y curvas... ¡qué difícil es dormir así!"

Yo no había explicado en mi matrimonio cómo éramos los hombres, y cuando me senté con mi esposa, le dije: "Mi amor, yo quisiera dejar pasar una semana, ¡pero no puedo, siento que me ahogo!". Yo tengo una mezcla de sangre puertorriqueña con sangre dominicana, y esa mezcla es una bomba, ¡es la razón por la cual me quedé sin pelo! Yo no tengo la culpa de ser así, pero tenemos que hablar y ser sinceros".

Cuando yo le expliqué a mi esposa todas las cosas que sentía, ella me dijo: "Wow, en verdad yo no sabía que eso era así, no sabía que ustedes sufrían tanto". Yo le dije: "¿Sufrir, muchacha? Después de la tristeza viene la depresión". Y Mildred me dijo: "¡No, yo no quiero que tú andes deprimido!". Entonces yo le digo: "Mi amor, tú sabes lo que es que los domingos… nosotros estamos imponiendo manos, ministrando, y tantas hermanas abrazándome y todas esas cosas, ¡yo necesito estar libre!" Ella me dijo: "Muy bien, perfecto".

TENTACIÓN Y LA COBERTURA DE UNA ESPOSA

Para ser más honesto aún, quiero contarte que la secretaria de la compañía donde yo trabajaba me llamó por teléfono una vez. Me extrañó que me llamara, porque ella estaba al lado mío y no tendría por qué llamar, sino venir a hablar.

—Señor Matos, tengo que renunciar.

—¿Por qué?

—Tengo que renunciar porque estoy enamorada.

—¡Qué bueno, me alegra tanto!

Mi secretaria era una mujer preciosa.

—Pero ¿por qué tienes que renunciar? ¿Acaso él es de otro país o algo así?

—No, el problema es que él es casado, y debido a que es casado me tengo que ir de la compañía, porque yo sé que esto no está bien. Tengo que renunciar.

—Yo creo que eso hay forma de resolverlo. Tú sabes que estamos en un tiempo en la compañía donde prescindir de ti, va a ser muy difícil para mí.

—No me haga decirle, señor Matos.

—¿Pero decirme qué?

—Es usted de quien estoy enamorada…

Yo no lo puedo negar —y perdóneme si alguien se ofende— pero a mí me encantó escuchar eso. Me sentí como…

¡wow! ¿Y tú sabes por qué lo confieso en este libro? (aunque no me conviene) Lo hago con transparencia para que tú sepas que las mismas cosas que tú sufres, los siervos de Dios también las sufrimos, y las mismas atracciones y tentaciones que tú sufres, los siervos de Dios también las sufrimos.

Tan pronto yo sentí ese agrado y esa atracción, me dio pánico, me llené de pavor. Inmediatamente pensé, ¿qué hago? Y lo primero que se me ocurrió fue llamar a Mildred. "Mira lo que me dijo mi secretaria". Ella me dijo: "Ay, qué atrevida". Pero ¿sabes qué me dijo después? (y eso fue la clave):

"*¿Y cómo te ayudo?*".

Ella me podría haber dicho: "¡Sabe Dios por qué ella está enamorada de ti! ¡Sabe Dios cuántas veces tú habrás coqueteado! Pero no, no me acusó, no dudó de mi integridad. Lo que me dijo fue: "cómo te ayudo". Le dije: "Ven hoy a almorzar conmigo", y ella llegó... ¡regia!

Llegó a la compañía y yo le presenté a todos mis compañeros. Luego fuimos a la oficina de mi secretaria, que era mi oficina, y le dije: "Quiero que conozcas a mi esposa", y ella bajó la mirada. Mi esposa se le acercó, la miró con gran ternura —o pena, no sé—, se inclinó, le dio un beso en la mejilla, la miró a los ojos y le dijo: "Jesús te ama". Me agarró el brazo y nos fuimos caminando.

Yo creo que una mujer no tiene por qué dejarse dominar por un ataque de celos y tratar de "combatir" a una mujer que puede ser una amenaza. Yo creo que una mujer que está segura de quién es, lo único que tiene que hacer es unirse más a su marido, rodearlo —como dice el profeta

Jeremías—[6] y sencillamente protegerlo. Esa es la mejor forma que tú puedes hacer guerra contra una mujer y contra los demonios seductores que quieren arrancar a tu marido de tu mano.

Eso no se quedó ahí. Cuando llegué a casa esa tarde, tan pronto llegué a la habitación, todo estaba listo para un encuentro. Y tuvimos ese encuentro. Al otro día, cuando llego a casa del trabajo, todo estaba listo para otro encuentro, y yo ¡ay santo, qué es esto! Cuando regreso al tercer día del trabajo, llego a mi casa y la habitación estaba lista para un tercer encuentro, y yo digo: "¡Mildred, estás irreconocible! ¡Qué te pasa!". Ella me dijo: "Tú me pediste protección, agarra protección". En otras palabras, "te estoy agotando todas tus energías para que no te quede nada, y no tengas sensibilidad alguna por esa atracción".

Lo que quiero decir con esto es que hay formas más sabias de alejar demonios de seducción que rodean a tu cónyuge, y es la forma que nos reveló Pablo por la sabiduría de Dios: protéjanse unos a otros, cúbranse unos a otros, cumplan su deber conyugal, y si tienes algo atravesado en tu corazón y estás atragantado por algo que está dañando la relación, que no se ponga el sol sobre tu enojo,[7] habla, ponte de acuerdo con tu adversario y únanse inmediatamente para que no los tiente Satanás.

---

6. *"Porque Jehová creará una cosa nueva sobre la tierra: la mujer rodeará al varón"* (Jeremías 31:22).

7. Ver Efesios 4:26.

Reflexiona:

1. ¿Has utilizado la negación de tu deber conyugal para desquitarte o tomar venganza por alguna desavenencia con tu cónyuge?

_____

_____

_____

_____

_____

2. ¿Te has negado a tu deber conyugal para obligar a tu cónyuge a hacer algo que él o ella no desean?

_____

_____

_____

_____

_____

3. Medita en las consecuencias de tu conducta en tu matrimonio, y, sobre todo, ante Dios y su Palabra, y cómo hacer cambios en esa manera de actuar.

_____

_____

_____

_____

_____

OREMOS:

Dios de los cielos, gracias por extenderme tu misericordia cada día. Hoy te pido que me des sabiduría y entendimiento para llevar, como es debido, el hermoso regalo que es la sexualidad dentro de mi matrimonio. Ayúdame a entender a mi cónyuge, y a esforzarme permanentemente para complacerlo. Renueva mi manera de pensar y permíteme entender las cosas como tú las entiendes. En el nombre de Cristo Jesús. Amén.

Fundamento 7

Honra y lealtad

Honra y lealtad

Asimismo, vosotras, mujeres, estad sujetas a vuestros maridos; para que también los que no creen a la palabra, sean ganados sin palabra por la conducta de sus esposas, considerando vuestra conducta casta y respetuosa. Vuestro atavío no sea el externo de peinados ostentosos, de adornos de oro o de vestidos lujosos, sino el interno, el del corazón, en el incorruptible ornato de un espíritu afable y apacible, que es de grande estima delante de Dios. Porque así también se ataviaban en otro tiempo aquellas santas mujeres que esperaban en Dios, estando sujetas a sus maridos; como Sara obedecía a Abraham, llamándole señor; de la cual vosotras habéis venido a ser hijas, si hacéis el bien, sin temer ninguna amenaza.

Vosotros, maridos, igualmente, vivid con ellas sabiamente, dando honor a la mujer como a vaso más frágil, y como a coherederas de la gracia de la vida, para que vuestras oraciones no tengan estorbo.

—1 Pedro 3:1-7

Todo lo que enseñamos mi esposa y yo no es producto de un diploma de un seminario de vida familiar, sino que lo impartimos sobre la base de lo que nosotros hemos vivido y hemos tenido que creer, aunque parezca no tener sentido ni nos agrade. Creemos en esperanza contra esperanza que lo que está escrito es de Dios, y que allí hay sabiduría, aunque no luzca justo cumplir con los preceptos de Dios.

Habrá momentos en la vida donde los preceptos de Dios nos van a parecer muy injustos. Quizá pensemos, "sí, esas son verdades bíblicas, pero es que mi situación es muy particular y usted no entiende". Esa es la excusa de los que tienen la batalla de no querer aceptar las verdades de Dios.

Yo tengo un compromiso con la verdad y eso es lo que comparto contigo en este libro. Te garantizo que la verdad te hará libre; y no lo garantizo yo, sino la misma Palabra de Dios. Creer en la Palabra te va a garantizar vida en abundancia.

Observa lo que dice el apóstol Pedro en el versículo que encabeza este capítulo:

"Asimismo vosotras, mujeres, estad sujetas a vuestros maridos; para que también los que no creen a la palabra, sean ganados sin palabra por la conducta de sus esposas".

Impresionante; hay maridos que se convierten a Cristo por la conducta de sus esposas, y la conducta de sus esposas que más los lleva a los pies de Cristo es la sujeción. Quiere decir que Sara es el ejemplo de lo que Pedro acaba de describir en este pasaje. Esa conducta de sujeción respetuosa, afable y apacible la llevó a convertirse en una mujer de alta estima en el Reino de Dios, y ella no se sintió amenazada por estos mandamientos, sino que entendió que, si estos son principios de Dios, y este es el orden del reino, yo obedezco porque creo que en la obediencia hay prosperidad.

El verso que está más adelante dice *"vosotros, maridos, igualmente, vivid con ellas sabiamente..."*, quiere decir que un hombre que sabe tratar a una esposa ha necesitado convertirse en un hombre sabio. Sí, solo un hombre sabio logra hacer feliz a una mujer tan sofisticada, y que por ser sofisticada tiene un mundo de complejidades y de secretos. Es decir que el hombre que pretende casarse necesita encontrar la sabiduría de Dios. Y al que le falte, que la busque, porque dice la Escritura que todo el que pide sabiduría, Dios se la concede.[8] Así es que pide sabiduría, hombre de Dios, porque, créeme, la vas a necesitar.

¿En qué consiste la sabiduría de un hombre? Pedro lo dice: *"dando honor a la mujer como a vaso más frágil"* (ojo, que no dice solamente "frágil"). Es decir que la delicadeza de ese corazón va más allá de ser frágil, por eso el hombre no puede tratar con ligereza a una mujer. El hombre que es ligero al tratar a una mujer quiebra sus sensibilidades

> El hombre que pretende casarse necesita encontrar la sabiduría de Dios.

---

8. Ver Santiago 1:5.

internas, pero también quiebra el corazón de Dios, porque... yo no sé qué le pasa a Dios.

Yo sé que el Creador no tiene preferencias ni hace acepción de personas, pero a mí me da la impresión de que Él tiene algo especial con la mujer. ¡Las mujeres son para Dios como la niña de sus ojos! Nosotros las tratamos ásperamente y los cielos se nos cierran, es una cosa increíble, Dios es el padre de mi esposa y yo siento que me supervisa todos los días, es como vivir con mi suegro.

Todas estas cosas no las aprendí en mi casa. No te he contado cuál fue el consejo que me dio mi papá cuando le dije que me iba a casar. Me dijo: "Usted se va a casar, escúchenme, que le voy a dar un consejo —yo me senté de inmediato, porque nunca me dio un consejo—, y escuche bien: a la mujer hay que tratarla así... (y en ese momento dio un golpe con su puño en la palma de su otra mano) porque usted le da poco, y ella agarra todo lo que quiere, y al menor descuido que usted tenga, lo sienta y domina todo. Así son las mujeres, así que usted tenga mucho cuidado y manténgala siempre así... (y otra vez el golpe de su puño contra la palma de su otra mano).

Yo en mi corazón dije: "Eso jamás, yo seré otro tipo de hombre, seré un esposo cristiano, como todo un siervo de Dios". Yo me casé siendo pastor, y para vergüenza mía, al cabo de un tiempo de casados me di cuenta de que no cumplí con lo que dije.

Cuando comencé a experimentar la manera en que mi esposa me trataba, me decepcioné. Yo esperaba que fuera todo un sistema de honra y de pleitesía, porque a eso estuve acostumbrado, y para colmo me pusieron de nombre Rey.

Pero mi esposa me trataba como a cualquiera y no había nada especial para el hombre. Incluso en ocasiones que me hacían una pregunta, ella salía respondiendo por mí, y yo decía "¿por qué?".

Mi esposa es una mujer maravillosa, pero adaptarnos fue bien difícil. Cualquier cosa que ella hiciera para mí era una falta de respeto, por eso fue muy complicado también para mí el darle a ella un trato delicado. Por naturaleza, cuando yo estaba un poco irritado, no podía ser delicado, ni manso, ni dulce, y no podía ser amoroso.

No hay razón alguna para dejar de amar cuando estamos enojados. Hay personas que cuando están enojadas no le pueden decir a su cónyuge "mi amor", la llaman por su nombre "porque estoy enojado", cuando en el evangelio de Jesucristo hemos aprendido que aun cuando estemos enojados podemos seguir amando, porque incluso cuando nosotros herimos el corazón de Dios, Él no nos deja de amar ni nos deja de tratar con dulzura.

No sé si alguna vez has experimentado un momento en que sabes que le has fallado a Dios, y en ese momento viene su presencia y manifiesta su amor sobre ti. Al ver esto tú dices, "pero, Señor, yo no soy digno de que me trates con tanto amor". Entonces, al ver que Dios derrama su amor sobre ti sabiendo que le has fallado, te sientes miserable e indigno, y esa es la manera de Dios, Él perdona y ama al pecador. Nosotros no queremos amar al pecador, no queremos amar a quien nos ha irritado, ni a quien nos ha provocado a ira.

Quiere decir que el trato de una mujer como vaso más frágil es una advertencia que Dios nos está haciendo. El

Señor dice: "Yo mismo la creé así, la hice delicada y muy sentimental, la hice frágil emocionalmente hablando, pero ella tiene una fortaleza espectacular. Ella tiene una fortaleza enorme en otras áreas de su vida, pero en lo interno del corazón la hice frágil, sensible y delicada, por lo tanto, ay de aquel que se atreva a quebrar el corazón de una mujer".

REPRENSIÓN DE DIOS

Yo estaba en medio de una reunión, y había una presencia de Dios tan intensa que mi rostro estaba bañado en lágrimas. Sentí el amor de Dios sobre mí en una forma espectacular, yo saltaba, adoraba a Dios, hablaba en lenguas, y yo decía "wow, Dios, qué hermoso". Y de momento el Espíritu Santo me habla...

—Rey, cállate.

—Sí, Señor, tu siervo escucha. ¡Recibo el mensaje profético que me vas a dar para la iglesia...!

—¡Arrepiéntete!

—Señor... ¿qué?

—Sí, arrepiéntete.

—Pero, Señor... ¿por qué? ¿Te refieres a la discusión que tuve con mi esposa de mi casa hasta aquí? ¡Tú sabes que yo tenía la razón!

—¡Soberbio!

—Señor...

—¡Rey, escúchame bien! Mientras Mildred esté triste, yo estaré triste, y mientras haya dolor en su corazón, en mi corazón habrá dolor. Arrepiéntete, tienes que aprender a aceptar a tu mujer, tal y como ella es, porque yo te acepto a ti tal como eres. Tienes que aprender a soportar a tu mujer con paciencia y amor, así como yo te soporto a ti.

—Señor... ¡perdóname!

Aquel culto estaba encendido, era una reunión llena de gloria, y yo estaba loco porque terminara. Llegué a mi casa, llevé a mi esposa a la habitación y le dije: "Siéntate, por favor, tengo que hablar contigo". Cuando yo le decía eso a mi esposa, ella suspiraba y decía "aquí viene otra descarga". Así que te imaginarás cómo ella se sentó a esperar "la descarga".

Para sorpresa de Mildred, hice algo que ni yo mismo lo podía creer: me puse de rodillas delante de ella. Cuando nos comprometimos yo no fui capaz de ponerme de rodillas para entregarle la sortija de compromiso, pero en ese momento lo hice. Me puse frente a ella de rodillas y las lágrimas me salían. Le dije a Mildred: "Levanto mi mano derecha al cielo porque estoy ante la presencia de Dios. Te pido perdón por ser tan duro contigo, por criticarte constantemente y por la forma incorrecta en que te corrijo. Te pido perdón porque he pecado contra Dios y contra ti. Yo me comprometo delante de Dios a honrarte y a tratarte con delicadeza; y, es más, te ruego que no cambies... sigue haciendo las cosas que no me gustan".

Sí, sinceramente se lo dije: "Sigue haciendo las cosas que no me gustan. Esas actitudes que a mí me desagradan, sigue haciéndolas porque yo le tengo que demostrar a Dios que soy capaz de amarte y honrarte a pesar de que te he disgustado, que soy capaz de ser sensible y delicado contigo aun cuando esté enojado".

Mi esposa me miraba con incredulidad. ¿Será cierto lo que estoy viviendo? Oramos y... comencé el proceso. Me costaba mucho trabajo porque mi papá criticaba a los hombres románticos, decía que los hombres románticos eran flojos. Y ahora yo tenía que ponerme en unas escenas que me hacían sentir un hombre "fresita". Era como renunciar a mi hombría.

Yo sabía que tenía que tratarla como una reina, así que empecé a practicar el abrirle la puerta del auto (yo veía a mi alrededor para ver si alguien que me estaba mirando), luego le cerraba la puerta. En los centros comerciales también le abría la puerta para que ella pasara, y procuraba que todo el tiempo estuviéramos tomados de mano y haciendo todas esas cosas que yo había abandonado desde que éramos novios.

Eso es una de las cosas que a muchas mujeres les duele tanto. Ellas dicen, "no sé dónde está el hombre de quien me enamoré, no sé qué pasó con el hombre que logró cautivar mi corazón por su capacidad de ser tan caballeroso. Nos casamos y la caballerosidad se fue".

Pero creo que eso solo pasa en Puerto Rico. Si tú estás leyendo este libro en otra nación, yo creo que los hombres de tu país no son así... El asunto es que seguí esforzándome en hacer estas cosas. ¿Sabes por qué? Porque solamente te quiero probar que la misma resistencia que la carne te ofrece, también a nosotros, los siervos de Dios, nos la ofrece, y que hay cosas que Dios demanda de nosotros que no nos gusta hacerlas, y las vamos a tener que hacer porque están escritas, y porque Él pretende que nosotros seamos fieles a todo lo que está escrito.

Tengo que ser honesto contigo, y me perdonas que sea tan honesto. Yo sé que hay gente que no le gusta que me atreva a escribir así, pero yo prefiero hacerlo porque quiero que te identifiques conmigo si es que tú vives y experimentas estas mismas cosas.

Si queremos ver la gloria de Dios en nuestras casas y ver a nuestros hijos abrazar el evangelio, amar a Cristo, comprometerse con la iglesia y estar apasionados por Cristo, nosotros vamos a tener que aprender a vivir estos principios, nos guste o no, estemos enojados o no, estemos complacidos o no. Yo tengo que responder así, no porque mi esposa se lo merezca, aunque ella realmente se lo merece.

Después de todos esos cambios, se me hizo fácil ser así con Mildred, pero cuando ella no era así, yo tuve que aprender a darle una honra que en mi corazón yo sentía que no merecía.

Dios ha dicho que nuestras esposas son coherederas juntamente con nosotros en el Reino de Dios, y por eso nos exige que nosotros les demos honor como hijas de Él. La Escritura nos dice que no seamos ásperos con ellas para que nuestras oraciones no tengan estorbo, y en el versículo siete de este pasaje nos dice que las tratemos con sabiduría, como a vaso más frágil, para que nuestras oraciones no tengan estorbo.

> Él pretende que nosotros seamos fieles a todo lo que está escrito.

A mí me interesa que mis oraciones alcancen el trono de Dios, y si va a haber algo que impedirá que mis oraciones alcancen ese trono, yo tengo que sacarlo del medio. Si el trato que yo le doy a mi esposa es parte de eso, tengo que hacer lo que sea necesario.

Por otro lado, hay mujeres que dicen: "¿Sujetarme a mi marido? Bueno... la Escritura dice que yo me sujete a mi marido como a Cristo, pero como él no tiene un parecido alguno a Cristo, no tengo por qué sujetarme. Él no se parece a Cristo, no se comporta como Cristo y no me trata como Cristo; por lo tanto, yo no tengo que sujetarme a él".

La Escritura te dice, sin excepciones, "mujer, sujétate a tu marido como a Cristo", y menciona que tu comportamiento sea afable, apacible. ¿Sabes lo que es ser afable? Es ser una persona bien llevadera, mansa. Esa persona apacible es la que todo lo hace en paz; y si tiene que confrontar, lo hace en paz en un espíritu apacible, y se sujeta en todo. Paralelamente a este pasaje, Pablo dice en Efesios exactamente lo mismo: mujeres, sujétense a sus maridos en todo.[9] ¡Cómo duele!

FELIZ CONSECUENCIA DE HONRA

Llegó una abogada a la iglesia, y cuando hablo de una abogada, me refiero a una de armas tomar. Es el tipo de abogada que en su casa ella es la que "reparte el bacalao", es decir, una mujer dominante. Sin embargo, llega a la iglesia, se convierte a Cristo, y entra en el primer amor: ella está enamorada de Jesús. Pero también se enamora de

---

9. Ver Efesios 5:24.

su marido otra vez, porque, ya sabes, Cristo hace nuevas todas las cosas.

Después que se convirtió, llega el próximo domingo y ella se está vistiendo para ir a la iglesia, pero el marido se está vistiendo para ir a un viaje en bote a la playa, porque esa era la vida de ellos todos los domingos.

—¿Y tú para dónde vas?

—Pues, tú sabes que le di mi vida a Cristo, y los cristianos tenemos que congregarnos.

—¿Tú me quieres decir que nosotros ahora vamos a cambiar nuestro estilo de vida solo porque tú te convertiste a Cristo? ¿Ya no vamos a ir a la casa de playa y ya no vamos a pasear en bote los domingos, que es el único día que nosotros tenemos, ya que tú trabajas y yo también?

—Pues... lo siento. Yo voy para la iglesia.

Un día ella llega a mi oficina enojada y hablamos.

—Pastor, vengo a hablar con usted porque tiene que traer a mi marido aquí, ¡y usted tiene que ponerlo en su sitio! Ya sé que no lo puedo hacer yo porque según el evangelio tengo que respetar a mi marido, pero tráigalo. ¡Tráigalo!

—¿Cuál es el problema?

—¡Es que no me deja congregarme! Digo... no es que no me deje congregar, porque yo me voy y me congrego, aunque él no quiera, pero está rebelde, está que ni me mira. ¿Qué vamos a hacer, pastor?

—¿Está bien sentada?

—Sí, pastor...

—Escuche bien lo que voy a decir. El apóstol Pablo y el apóstol Pedro dicen que usted, mujer de Dios cristiana, se tiene que sujetar a su marido. Si su marido no quiere que usted se congregue, usted no se puede congregar.

—¿Qué? ¿Usted, mi pastor, me está diciendo eso?

—No, yo no. Dios, Pedro y Pablo se lo dicen aquí (y le señalo una Biblia).

—¡Pero, pastor! ¿Qué voy a hacer?

—Pues… sencillo. Los domingos póngase su traje de baño y su *short*, y váyase de playa con su marido. Usted vea los cultos por internet y conéctese con nosotros. Y si tiene algún día de la semana que pueda congregarse con nosotros, que no complica sus días de playa, viene a las reuniones de la semana. Pero usted complazca a su marido. ¡Ah, y el último consejo! Cuando su marido le pregunte, dígale que yo se lo recomendé.

Llega el próximo domingo y el marido despierta medio enojado, dado que sabía que ella se iba a la iglesia. Ella se levanta, se va a cambiar y él está esperando que ella aparezca "vestida de iglesia", cuando de pronto sale vestida de traje de baño y con *shorts*.

—Mujer… ¿qué te pasa?

—Tuve una reunión con mi pastor y yo le expliqué el problema que estamos teniendo. Él me dijo que yo me tenía que sujetar. Que yo tenía que respetarte, y respetarte es sujetarme; y que yo no puedo discutir contigo. Yo hablo una vez, y si tú no entiendes, me tengo que quedar callada.

—¿En serio que te lo dijo tu pastor?

—Sí.

—Uy, ¡qué bueno!

Él se puso su traje de baño, se fueron de playa, pasearon en lancha e hicieron de todo. Llega el próximo domingo y ella en la mañana sale con su traje de baño y su ropa de playa. El esposo se sentó en la cama y le dijo: "Mi amor, por favor, vístete como para la iglesia y anda para allá. Yo sé que estás haciendo el sacrificio de no ir a la iglesia por complacerme. ¿Sabes? Me siento mal y quiero que vayas a la iglesia; es más, yo voy a estar allí al mediodía, te recojo y nos vamos para la playa".

Luego le dio un beso y un abrazo, así que ella se vistió y llegó a la iglesia. Cuando llegó, me saludó emocionadísima. Yo la miro e inmediatamente le digo, "¿qué hace usted aquí?". Ella me respondió: "le dije a mi esposo lo que usted me recomendó, y pasó esto y aquello... y mire lo que pasó esta mañana". Yo le dije: "wow, es un milagro".

Esa mañana yo estaba comenzando a predicar el mensaje y de pronto se abre la puerta de la iglesia. Por ella va bajando un hombre por las gradas. Yo no sé quién es, pero él empezó a buscar entre la gente hasta que encontró a quien buscaba, y se sienta al lado de la abogada. Cuando ella lo mira, empieza a llorar. Resultó que fue el marido que decidió ir más temprano para escuchar lo que el predicador iba a enseñar. Esa mañana, en el llamado, su marido se convirtió a Cristo ¡y hoy los dos le sirven al Señor!

LUCHA LA GUERRA
DE SABIDURÍA CELESTIAL

Hay una guerra que nosotros estamos llamados a pelear, pero no es una guerra de sabiduría humana, es una guerra de sabiduría celestial, y se pelea de otra manera. Parece injusto hacer lo que Dios nos pide, pero si nosotros somos capaces de creer que su forma de pelear y de guerrear trae los éxitos más extraordinarios, sobre todo cuando se trata de la familia y del matrimonio, vamos a decidir creer, y creer con todo el corazón.

Mi consejo es que desarrolles oídos para oír. Cuando escribí el libro *La mujer, el sello de la creación,* decidí encerrarme en ayuno y oración, pero no para escribir el libro, sino para decirle a Dios: "Necesito que me expliques en qué pensabas cuando diseñaste a la mujer de la forma que lo hiciste; y estaré aquí varios días en ayuno y oración porque necesito la sabiduría con la que tú la creaste. Dame esa revelación, Señor, porque se me está haciendo difícil entenderla, ¡es tan compleja!".

El Espíritu Santo me dio una revelación tan poderosa en ese retiro, que terminó convirtiéndose en un libro. *La mujer, el sello de la creación* complementa *¡Señor, que mis hijos te amen!,* y el tercer libro *Cuando el sexo no es suficiente,* ¡que no trata nada de sexo! Hay mucha gente que ve el título y se asusta, pero el libro no habla nada de sexo, habla solo de carácter. Educa a la gente sobre cómo desarrollar un carácter de Dios dentro de la familia y del matrimonio, cómo comportarse como hombres y mujeres de Dios. Ese libro es puro carácter, teología de carácter cristiano.

Cuando salí de aquel retiro, Dios me reveló muchas cosas sobre la mujer, y me mostró una gran cantidad de cosas que yo tenía que corregir, por lo que le dije: "Señor, dime por dónde empiezo, necesito que me des instrucciones, pero una por una, como pasito de bebé, no me las des todas de cantazo porque no puedo; una por una." Y el espíritu Santo habló.

"Rey, tú necesitas desarrollar oídos para oír a tu esposa. Tú no la escuchas con respeto. Prométeme que mañana cuando despiertes, te vas a sentar a hablar con tu esposa, y le vas a decir: 'Mi amor, no voy a abrir la boca para nada, solo quiero que hables, desahógate, dime todas las cosas que necesites decirme y te prometo que no voy a decir nada, solo te escucharé, seré todo oídos'".

Yo estaba tan ungido en aquel retiro y tan bendecido, que cuando me levanté en la mañana tenía un gran entusiasmo, y le dije a Mildred: "Vamos a sentarnos aquí en el sofá para hablar". Estábamos todavía en pijamas, ella se sienta, y le digo: "Mildred, Dios me dio instrucciones en este retiro, y el Señor me dijo que no hablara nada, que no argumentara nada, que solamente me convirtiera en oídos, que solo te escuche, nada más, así que empieza a hablar, desahógate, y yo te prometo que no voy a abrir mi boca para nada".

Mi esposa se quedó casi paralizada. Yo le dije "Mildred, habla". Ella me dijo: "¡Tanto que soñé con este día, y ahora que llegó, no puedo, no me salen las palabras!". Ahí mismo el Espíritu Santo me habló y me dijo: "Rey, tú has castrado emocionalmente a tu esposa, ella ha perdido la capacidad de comunicarse, porque cada vez que intentaba hablar, tú le interrumpías, y cada vez que ella decía algo tú la corregías, y le decías, 'eso no fue así, fue de esta otra manera, no mezcles el pasado con el presente', y otras cosas más, y no la dejabas hablar. Mira cómo está ahora, incapaz de comunicarse".

Entonces le agarré las manos a Mildred y le dije: "Por favor, perdóname, yo soy el culpable de que tú no puedas hablar y comunicarte. Señor, te pido que bendigas a Mildred, tócale el corazón, ayúdala a que se desahogue y pueda hablar libremente".

Cuando le solté las manos, esa mujer empezó a hablar y hablar. ¡Habló tanto! A los quince minutos empecé a escuchar cosas que yo pensaba "¡esto no fue así, su premisa es equivocada!"; pero yo no podía hablar, porque le prometí a Dios que no iba a hacerlo. Así que me callé la boca, ¡pero yo sentía que los intestinos me saltaban y mis entrañas iban a explotar! Por lo tanto, decidí orar. Ella estaba hablando y yo orando, y de pronto mi esposa me dice: "¿Por qué me miras así?", y le respondí, "es que estoy muy... ¡concentrado!".

Ella no paró de hablar en cuatro horas. Comenzamos a las ocho de la mañana, todavía eran las doce y ella todavía estaba hablando y hablando, y yo orando y orando. ¡Nunca había orado tanto en mi vida! Les confieso que después de cuatro horas, mi oración era "Señor, revélame qué me quiere decir mi esposa. Señor, por favor, ¡ayúdame entender su corazón!".

Algo hizo clic dentro de mí, fue sobrenatural, comencé a entenderla, empecé a ser sensible a su corazón, y las lágrimas corrían... Ella me decía, "¿por qué lloras?", y yo le dije: "Mildred ¡porque te estoy entendiendo! Porque ahora entiendo las razones por las que me decías todo aquello que me decías". Entonces a ella también se le empezaron a salir las lágrimas, porque nunca había escuchado esa frase: "te entiendo".

Yo le decía: "Sigue hablando, Mildred, quiero que sigas hablando porque ahora estoy entendiendo tu corazón, mi amor". Ella seguía hablando e interactuamos. Yo le decía: "Me parece que tienes razón en varios puntos, aunque quizá no en todos, pero tienes algo de razón". A ella no le importaba que yo le dijera que no tuviera la razón en ciertos puntos, así que por lo menos yo tenía parte de la razón.

Lo qué pasó fue que ella habló cuatro horas más. Dieron la tres de la tarde y todavía estaba hablando, nosotros estábamos en ayuno, y al cabo de las cuatro horas nos dimos cuenta de que fue muy poderosa aquella experiencia. El Espíritu de Dios se movió solo porque hubo un hombre que estuvo dispuesto a escuchar a su esposa, aunque no la entendiera, y en vez de protestar —como solemos hacer, algunos verbalmente y otros por dentro— decidí orar pidiéndole al Señor sabiduría para entender lo que mi esposa me quería decir.

Cuando ella supo que la entendí y que me hice sensible para escucharla, hizo algo que yo nunca imaginé que iba a hacer. Estábamos sentados en el sofá, y de pronto vino y se arrodilló frente a mí. Le pregunté: "Mildred, ¿qué vas a hacer?". Ella inclinó su cabeza, agarró mis dos manos, se las puso sobre su cabeza, y me dijo: "Bendíceme, yo te prometo que de este día en adelante nunca te voy a resistir más, y nunca más pondré en duda tus intenciones. Por haberme escuchado con la sensibilidad que lo hiciste, yo sé que fue Dios el que obró en tu corazón. Tienes toda mi confianza, te prometo que me voy a sujetar a ti, que voy a ser sumisa y te respetaré en todo lo que me pidas que te respete. Ahora no siento ninguna amenaza de entregarme por completo a tu autoridad. Ora por mí y bendíceme".

Puse mis manos sobre ella con temor y temblor, y la bendije. Cuando nos levantamos de allí, experimentamos a Dios en una forma espectacular. Lo que pasó esa noche no te lo puedo contar... ¡pero también fue espectacular!

Eso fue una experiencia que nos marcó la vida, solo por entender que en lo que está escrito hay tanto poder. Hay muchos creyentes que se están perdiendo esa bendición solo porque no creen en lo que está escrito, porque se sienten amenazados al someterse a esa verdad.

Oremos juntos si es que hoy deseas renunciar a tus temores, quieres traer una unción especial a tu casa y quieres revolucionar tu matrimonio y tu vida familiar. Tal vez reconoces que has sido huraño en tus relaciones familiares, y sobre todo matrimoniales, pero hoy renuncia a eso.

Quizá hoy quieres comprometerte con Dios a que, aunque estés enojado, serás amable; que, aunque estés airada, incómoda y defraudada, no obstante, vas a obrar en amor. El Reino de Dios es un reino de honra, y se ha establecido entre nosotros, por lo tanto, tenemos que hablar el idioma de Dios, caminar el camino de Dios y vivir el estilo de vida de Dios.

Reflexiona:

1. Les invito a revisar lo que han entendido hasta ahora como la sujeción de la esposa a su esposo; y a hacer un compromiso de honra a la Palabra de Dios, y entre ustedes, el uno hacia el otro.

_____

_____

_____

_____

_____

2. De acuerdo con la Palabra, esposo, piensa cuáles de tus oraciones han tenido estorbo y hasta hoy no habías entendido por qué.

_____

_____

_____

_____

3. Esposo, te exhorto a orar por tu esposa y tu matrimonio, para que el Espíritu Santo te muestre la ocasión perfecta para escuchar lo que ha estado contenido en el corazón de tu esposa.

_____

_____

_____

_____

_____

OREMOS:

Padre, ruego al cielo que tu gracia venga sobre mí. Me arrepiento de mis pecados, hoy confieso mi desobediencia y decido sujetarme a la doctrina de Jesús. Padre, bendíceme, y permíteme ser digno de tu honra, así como yo intento honrarte con mi fe. Y declaro que en mi vida algo extraordinario se avecina, una bendición especial viene, y un fresco avivamiento se apodera de mi familia. Esto lo declaro en el nombre del Padre, del Hijo y del Espíritu Santo, amén.

Fundamento 8

Un ambiente de paz y armonía

Un ambiente de paz y armonía

¡Mirad cuán bueno y cuán delicioso es habitar los hermanos juntos en armonía! Es como el buen óleo sobre la cabeza, el cual desciende sobre la barba, la barba de Aarón, y baja hasta el borde de sus vestiduras; como el rocío de Hermón, que desciende sobre los montes de Sion; porque allí envía Jehová bendición, y vida eterna.

—Salmos 133

Muchas veces cuando queremos lidiar con nuestros problemas lo que estamos haciendo es "comiéndonos por los rabos", peleando y entrando en crisis, con hostilidad y maltratos unos con otros. ¿Sabes por qué? Porque a la hora de la verdad lo que está dominando no es la ley de Cristo. Cristo fue muy claro, Él abolió todas aquellas concepciones mosaicas y estableció una nueva doctrina revolucionaria que mucha gente la escuchó y se convirtió, pero muchos otros la escucharon y se rebelaron contra Jesús porque no pudieron soportarla.

Dios me enfrentó con su doctrina. Nuestros hijos no aprenden a amar a Dios por lo extraordinario de la iglesia, por todos los cultos familiares que hacemos durante la semana o por todas las enseñanzas de la Biblia que les damos. Todo eso es necesario, pero donde nuestros hijos se apasionan por Dios es cuando ellos ven a papá y a mamá amarse.

En una ocasión un adolescente se acercó a mi oficina. Cuando eso ocurre yo me pongo muy contento porque son pocos los adolescentes que se acercan a los pastores. Cuando lo hacen, rápidamente les pregunto por la relación con sus padres, porque el noventa por ciento de los problemas de los jóvenes son con sus padres. Así que fui directo al punto.

—¿Cómo es la relación con tu papá?

—¡Pastor, mi papá es un éxito!

Era raro que alguien me diga eso.

—¿En serio? ¿Por qué? ¿Cómo es él?

—Ah, mi papá es un hombre de Dios tremendo. ¡Y él me ama tanto! Siempre me lo expresa. ¿Usted sabe lo que es que todos los días cuando llega mi casa, al primero que busca es a mí? Yo me escondo, y cuando él me encuentra, me abraza, me besa, y mirándome a los ojos, me dice cuánto me ama. Él todos los días juega y ora conmigo, él me dedica mucho tiempo. Mi papá es mi amigo.

Yo estaba impresionado, ya que nunca supe lo que era eso. Pensé: "Bueno, seguro que el problema es la mamá".

—¿Cómo es tu mamá contigo?

—Ah, pastor, mi mamá... ¡otro éxito!

—¿En serio? Oh, pues, cuéntame.

—Sí... ¡mi mamá es tan servicial! Ella es un ángel. Todo el tiempo está buscando complacerme, aunque ella es bien estricta, y también me disciplina. Pero ella se desvive por mí de una forma tremenda. Ella me enseña mucho de Dios y me da muchos consejos. Mi mamá constantemente me está diciendo cuánto me ama.

—Wow... ¿Y por qué tú estás aquí?

Y él empezó a llorar y llorar.

—Pero ¿qué te pasa?

No me vas a creer la respuesta que el jovencito me dio...

—Pastor, yo daría cualquier cosa por renunciar al amor de mi padre. Daría cualquier cosa porque mi padre no me dedique el tiempo que me dedica.

—¿Qué? ¿Qué me estás diciendo?

—Sí, pastor. Porque yo prefiero que el amor que mi papá me da, se lo dé a mi mamá. Yo prefiero que el tiempo que me dedica, se lo dedique a mi mamá. Pastor, yo tengo miedo de que, aunque mis padres sean siervos de Dios, el día que yo me vaya de casa ellos se divorcien. Yo prefiero que mi mamá no me sirva con el amor y la pasión que lo hace, con tal de verla servirle a mi papá con la misma pasión. Siento que ellos me aman más de lo que se aman entre ellos.

UN LLAMADO A MOSTRAR EL JESÚS EN MÍ

Recuerdo este episodio y no puedo dejar de conmoverme, porque cuando él me contaba eso yo terminé llorando con él. Lloré porque me sobrecogió el miedo de que yo fuera una más de esas parejas cristianas, un hombre de Dios casado con una mujer de Dios que no podíamos amarnos consistentemente y demostrarnos respeto y honra, y tampoco podíamos tener ese gozo de estar unidos y disfrutar de nuestra relación.

Discutía mucho con mi esposa. Me dije a mí mismo que probablemente de aquí a quince años serían mis hijos los que estarían sentados en la oficina de un pastor quejándose atemorizados, pidiendo consejo y oración. Pero luego me dije: "Yo no me puedo permitir eso, tengo que hacer algo; tengo que luchar por cambiar el ambiente de mi casa y el ambiente de mi familia".

Entendí que, si yo no demostraba la personalidad de Jesús delante de mis hijos, el futuro eterno de ellos estaba en juego. Yo no me iba a perdonar que mis hijos se rebelaran contra la iglesia y se apartaran de Dios solo porque no soportan el ambiente de mi casa. Por lo tanto, aquí ya no se trata de si tengo una excusa o no la tengo, aquí ya no importa quién tiene la razón. Lo que importa es que, a toda costa y al precio que sea, tengo que crear un ambiente de paz en mi casa, y que allí reine la armonía.

Vamos al Salmo que encabeza este último capítulo:

¡Mirad cuán bueno y cuán delicioso es habitar los hermanos juntos en armonía!

¿Sabes lo que significa que Dios esté diciendo "para mí es bueno y es delicioso cuando mis hijos están juntos en armonía"? Este Salmo responde precisamente al clamor de Dios, ya que fue escrito en los momentos de aquellas fiestas nacionales, donde todos los hijos de Israel venían del norte, del sur, del este, del oeste, de todas las regiones alrededor de Israel, y tenían que viajar para encontrarse todos en Jerusalén para adorar a Dios y festejar en la presencia de Dios.

Cuando todos los hijos de Israel llegaban a Jerusalén, se reunían y empezaban a saludarse, abrazarse, a gozarse y a disfrutar de aquella armonía de una nación donde todos se trataban como si fueran una sola familia. Dios decía desde el cielo diciendo:

"Mirad cuán bueno, cuán delicioso es cuando habitan los hermanos juntos en armonía".

Esas son las mismas expresiones que salen de las entrañas de Dios cuando Él ve a una familia cristiana en un ambiente de armonía.

En la familia hay armonía, no porque la gente que vive allí sea perfecta, sino porque la gente es muy madura. No es porque no haya gente problemática, es porque allí hay personas que, habiendo sufrido agravios, han sabido soportar con paciencia y amor, han sabido madurar por encima del conflicto y han aprendido a amar a pesar del malestar de la desilusión.

Son personas que valoran tanto la presencia de Dios en su hogar, que, por eso, y solo por eso, hacen el sacrificio que sea necesario para producir un ambiente de armonía, y se convierten en pacificadores y en personas que ayudan a reconciliar todo. ¿Por qué? Simplemente porque valoran todas las promesas de parte de Dios que se cumplen en aquellos hogares donde reina la paz. El gozo del Señor se manifiesta en todos los lugares donde hay armonía.

VALORA LAS PROMESAS Y ESFUÉRZATE EN CREAR ARMONÍA

Cuando nos faltan las fuerzas y sentimos que no podemos más, cuando sentimos que la carga es muy difícil, pero hemos hecho lo indecible para mantener el ambiente de paz y armonía, el gozo del Señor será nuestra fortaleza. El esfuerzo que has hecho de mantener el ambiente de armonía y paz producirá también gozo en el Señor, y ese gozo que hay en Dios se va a verter en ti y en tu familia.

Aunque todavía los problemas no se hayan resuelto, te fortalece ese gozo del Señor, y la esperanza de saber que Dios va a hacer algo que nos va a sorprender, porque mi lucha, mi responsabilidad y mi llamado delante de Dios es crearle a Él un ambiente de armonía.

Dios no habita en todo lugar, aunque su nombre sea invocado, porque los únicos lugares donde se manifiestan el poder y la gracia de Dios, es donde se le crea un ambiente de armonía. Allí Él se manifiesta, llega a ese lugar y honra ese espacio, ese lugar donde hubo alguien, por lo menos uno, que ha hecho lo suficiente por guardar la armonía y la unidad entre los miembros que conviven en esa casa y se fortalecen en el gozo del Señor.

El Salmo 133 en el segundo versículo dice:

"es como el buen óleo sobre la cabeza, el cual descien-
de sobre la barba, la barba de Aarón, y baja hasta el
borde de sus vestiduras".

Óleo significa aceite, y el aceite simboliza unción. ¿Sabes lo que Dios te está prometiendo con esta Palabra? Dios te está diciendo: "Si tú te comprometes conmigo a prepararme un ambiente de armonía en tu hogar, yo me comprometo a fortalecerte con mi gozo para que no te falten las fuerzas; segundo, yo me comprometo a que mi unción no va a faltar en tu casa".

Cuando en un lugar hay unción, la Escritura dice que los yugos se pudren y se rompen, las ataduras se quiebran. Donde hay unción, las maldiciones generacionales son quebradas porque la unción rompe esos yugos, la unción destruye maldiciones generacionales y hace guerra espiritual por ti.

Hay diferentes formas de hacer guerra espiritual. Hay gente que, para resolver los problemas de su casa, literalmente cogen aceite y comienzan a untarlo en todas las paredes de la casa. Eso no está mal, yo lo he hecho y lo sigo haciendo, pero ese aceite no es el que va a pudrir los yugos, romper maldiciones, ni traer sanidad a tu casa. Lo hará la unción que viene de parte de Dios, y la gran diferencia es que es más fácil ungir las paredes de mi casa con aceite que provocar un ambiente de armonía.

> Donde hay unción, las maldiciones generacionales son quebradas.

¿Por qué? Porque provocar un ambiente de armonía me va a doler. Si quiero ser el intermediario, el agente de paz, el que constantemente esté modelando el amor de Dios; si anhelo guardar la unidad y la armonía en mi hogar, eso costará mucho trabajo, porque amar duele.

¿Qué hacen los poetas cuando quieren definir el amor? Hablar cosas hermosas del amor ¡pero engañando la gente! La gente prefiere vivir con los cuentos románticos de los poetas, pero no quieren leer las Escrituras para entender lo que significa amar.

Cuando la Escritura define el amor, ¿sabes cómo comienza? *"El amor es sufrido..."* ¡Uy, eso no es romántico! Eso no se oye lindo, pero así lo define Dios: "el amor es sufrido". Luego dice que:

> *"es benigno"* ...
> —1 Corintios 13:4

¡Ay, ¡qué bonito, es benigno! Pero ¿sabes lo que significa "benigno"? Todo el mundo contesta "significa 'bueno'". Pues no, ser benigno es ser capaz de devolverle a alguien el bien por un mal que has recibido.

La persona benigna es la persona que honra a alguien que la acaba de deshonrar. El benigno es aquel que da respeto a alguien que le acaba de faltar el respeto, es no devolver con la misma moneda. El benigno es el que vence el mal con el bien, pero eso no tiene nada de romántico, porque todo el que practica eso, llora, porque duele. Por eso dice la Escritura:

"bienaventurados los que lloran, porque ellos recibirán consolación".

—Mateo 5:4

El gozo del Señor y la unción de lo alto vendrán sobre ti y se quebrarán maldiciones. Satanás huirá de tu casa, porque él no soporta entrar a una casa donde hay paz y armonía. Satanás es como las sabandijas. ¿Por qué crees que las mujeres no soportan dejar basura en la cocina por la noche, sino que todas las noches religiosamente les piden a sus maridos que boten la basura? Ellas hacen eso porque la casa puede estar limpiecita, brillante y olorosa, pero si guardas basura toda la noche en la cocina, por más limpia y olorosa que esté tu casa, durante la noche las sabandijas se van a meter, porque son atraídas por la basura.

Las actitudes de enojo, el comportamiento hostil donde nos gritamos y nos faltamos el respeto, la constante crítica y reproche con los que constantemente nosotros nos estamos tratando, es basura que atrae a los demonios. Cuando llenamos nuestra casa con la basura de nuestro comportamiento, atraemos demonios a casa.

Quizá me digas: "¡Ay, pastor, imposible! ¡Yo todas las mañanas oro una hora!". Ora todo lo que te dé la gana, pero tu casa tendrá la opresión de demonios de hostilidad y de división, porque, aunque oramos, no cambiamos nuestros estilos de comportarnos y de hablarnos los unos a los otros. Nos peleamos, nos enojamos y dejamos que el sol se ponga sobre nuestro enojo. Eso es basura.

LA ARMONÍA ES UN ARMA DE GUERRA ESPIRITUAL

La Escritura te dice: "Créame un ambiente de armonía, esa es tu responsabilidad, y mi responsabilidad es fortalecerte y traer unción a tu casa", y donde hay unción no habrá demonio que soporte la presencia de Dios. Por lo tanto, la mejor forma de hacer guerra espiritual es crear un ambiente de armonía.

En el tercer y último versículo el Salmo 133 dice que esto es:

"como el rocío de Hermón, que desciende sobre los montes de Sion; porque allí envía Jehová bendición, y vida eterna".

> La mejor forma de hacer guerra espiritual es crear un ambiente de armonía.

El rocío es la condensación de agua que se produce por las mañanas. Cuando se mezcla el frío de la noche con el calor mañanero se crea una condensación, y por eso vemos las hojitas y las flores con esas gotitas de agua. ¿Y qué simboliza el rocío? ¿Qué te inspira? Cuando vemos el rocío, lo que nos inspira es frescura. Lo que Dios nos está diciendo es "si tú luchas por un ambiente de armonía en tu casa, yo te prometo que te fortaleceré, traeré unción a tu casa, también voy a traer mi frescura".

Cuando la frescura de la presencia de Dios llena tu casa, tu hogar se convierte en un lugar atractivo. La gente quiere llegar a casa porque la frescura de Dios en tu casa es como un oasis en medio del desierto. Dondequiera que hay un oasis, la gente llega, y hasta los animales se acercan, porque el oasis representa frescura, agua para beber y sustento para la vida.

Todo hogar cristiano debe estar lleno de esa frescura de Dios, pero esa frescura no estará si nosotros no le garantizamos a Dios un ambiente de armonía, porque Él nos exige que hagamos lo que nos corresponde. Ora, ayuna, lee las Escrituras, practica todas las disciplinas espirituales, pero ese no es el fin. Es todo lo que necesitamos hacer para fortalecernos y actuar, eso es lo más importante. Lo que importa es crearle a Dios un ambiente de armonía.

Mi hija estudió en la Escuela de Medicina en Puerto Rico, y esa escuela queda en la capital, pero nosotros estamos en el extremo opuesto, razón por la cual ella estuvo hospedándose fuera de casa durante años. Todos los fines de semana, cuando ella regresaba a la casa, era casi como una fiesta familiar. La recibíamos para escuchar las cosas que tenía que contarnos, desayunábamos juntos, hablábamos, y compartíamos, pero de pronto la noté un poco pensativa.

—¿Te pasa algo?

—Sí, papá. Es que estoy preocupada por mis compañeras de hospedaje.

—¿Sí? ¿Por qué, mi amor?

—Bueno, porque ellas son cristianas y son de hogares cristianos. Pero ellas se quedaron este fin de semana allá en el hospedaje y les dijeron a sus padres que tenían un examen muy fuerte el lunes, y que ellas tenían que dedicarse todo el fin de semana a estudiar.

—Mi amor, eso es justo y razonable, inclusive si alguna vez tú tuvieras que hacerlo, no tengas pena, quédate allá si fuera necesario. Los estudios de ese nivel son muy difíciles.

—Papá, es que ese no es el problema, sucede que ellas les mintieron a sus padres. Ellas les dijeron que tenían un examen, pero eso no es cierto. Yo confronté a mis amigas y les pregunté por qué les mentían a sus padres para tener la excusa de quedarse.

No sé si te imaginas la respuesta de esas amigas de hogares cristianos... Le dijeron a mi hija: "Mira, Frances, en nuestros hogares se discute y se pelea mucho, y el fin de semana es cuando más pelean. Nosotras hablamos de eso y decidimos que, para refrescarnos, aunque fuese un fin de semana, nos íbamos a quedar aquí en el hospedaje, para ir al cine, a la playa y estar libres de problemas".

Mi hija nos decía: "¡Y yo que estoy contando las horas para que llegue el viernes, regresar a casa y estar aquí, porque a mí me deleita, me encanta llegar a casa!".

LA FRESCURA DE SU PRESENCIA NOS ATRAE AL HOGAR

En hogares donde hay frescura los hombres no se quedan trabajando tiempo extra, como hacen algunos a propósito, porque es mejor trabajar tiempo extra que llegar al infierno de la casa. En cambio, cuando los hijos viven en un hogar de armonía, hay frescura, y por cuanto hay frescura, desean llegar a casa. No prefieren estar con sus amigos, sino prefieren estar con papi y mami, porque ellos son *cool*.

Por último, este Salmo nos trae otras poderosas promesas. Dice la Escritura:

"Como el rocío de Hermón, que desciende sobre los montes de Sion; porque allí envía Jehová bendición, y vida eterna".

Puedes notar que dice "porque allí" (es decir, allí donde hay armonía), y solamente allí, envía Jehová bendición y vida eterna. Él está diciendo "garantízame un ambiente de armonía y yo te garantizo que nunca te faltarán las fuerzas, que nunca faltará la unción y la frescura de mi presencia, y también te prometo que nunca faltará bendición".

Cuando la Escritura habla de bendición en estos contextos, está hablando de prosperidad. El Señor te está diciendo: "Si tú te comprometes conmigo en crear un ambiente de armonía en tu casa, yo me comprometo contigo en prosperarte a ti, a tu casa y tu trabajo. Prosperaré y bendeciré tu salida y tu entrada; prosperaré y bendeciré tus recursos y multiplicaré tu sementera. Por cuanto tú has pagado el precio de prepararme un hogar y una familia de armonía, yo te recompensaré y traeré prosperidad y abundancia a tu casa, y no te faltará nada".

Por último, el Señor te promete vida eterna, lo que significa salvación, y esto implica que el Señor te está diciendo: "Óyeme bien, si tú trabajas ese ambiente de armonía y me

El arte de amar

preparas un lugar donde yo pueda habitar, yo te prometo que nunca te faltarán las fuerzas ni la unción, siempre llenaré tu casa de frescura, daré abundancia, pero también traeré salvación a tu casa".

Eso significa que aquellos incrédulos e impíos que vivan en tu casa, cuando vean el ambiente de armonía, la frescura y la unción de Dios que hay allí, y vean la fortaleza de Dios en ti y la prosperidad en tu casa, no van a poder hacer otra cosa que doblar sus rodillas delante del Dios que te bendice, y reconocer que Él está contigo y que ellos también lo necesitan.

Lo que te está diciendo Dios es: "Si tú tienes a alguien apartado dentro de tu casa, crea un ambiente de armonía y yo me comprometo a salvarle". La salvación de tu familia no vendrá por una fácil declaración como "a mí no me preocupan mis hijos apartados ni mi marido inconverso, porque si creo en el Señor Jesucristo seremos salvos yo y mi casa".

¿Crees que por decir eso y por creerlo los inconversos de tu casa se van a salvar? Permíteme decirte que esa es una fe falsa. Es cierto, *"cree en el Señor Jesucristo y serán salvos tú y tu casa"*,[10] pero ¿qué significa creer? Significa representar a Jesucristo dentro de tu casa, pagar el precio que Cristo pagó por ti, que tomó tu pecado y se lo echó encima. Ahora el Señor te pide que tú hagas lo mismo con tu familia: toma el pecado de tu familia y échatelo encima. Sé tú el reconciliador y el pacificador, sé tú el que modele lo que es mansedumbre y humildad. Encárgate de producir

10. Hechos 16:31.

192

un ambiente de armonía y eso será lo que haga que los inconversos y los apartados de tu casa regresen al Señor, porque es una promesa de Dios.

Te va a costar, vas a sufrir, te va a doler, y en ocasiones tendrás que sufrir agravios injustamente, pero el Señor te dice: "Si adoptas el corazón que tuvo Jesús, que estuvo dispuesto a todo por amor a ti, yo haré cumplir esta Palabra sobre tu vida y sobre la vida de los tuyos hasta la tercera y cuarta generación".

Las preguntas que debemos hacernos son: ¿Quiénes estarán dispuestos a pagar ese precio? ¿Quiénes estarán dispuestos a decirle el Señor "yo sé lo que significa comprometerme contigo y sé lo que voy a padecer, pero heme aquí, envíame a mí para ser el agente de cambio en mi casa, yo quiero ser el que traiga ese avivamiento espiritual a mi hogar"?

Sufrirás en el camino, pero el gozo te fortalecerá. Una unción fresca entrará sobre tu casa y sobre tu vida, que romperá el yugo y logrará librar batallas que tú nunca podrás librar. La frescura del Señor traerá una necesidad de acercarte a Él, y su prosperidad también te bendecirá. Dile al Señor: "Úsame, yo quiero ser esa persona que traiga salvación y un nuevo ambiente a mi casa".

Ante el final de este libro, quiero poner delante de ti un gran reto. Reúne a tu familia, a todos, y cuando los tengas en la sala de tu casa, diles lo siguiente:

> Una unción fresca entrará sobre tu casa y sobre tu vida, que romperá el yugo y logrará librar batallas que tú nunca podrás librar.

Quiero pedirles perdón porque he participado de momentos hostiles en esta casa. Yo no me he comportado bien en los momentos en que he debido dar testimonio. En ocasiones no he tenido el dominio propio para soportar algunas cosas, no he modelado bien a Jesús. Por eso yo les pido perdón.

Yo me comprometo, delante de Dios y delante de todos ustedes, a tratarlos mejor de ahora en adelante; y estoy dispuesto a pagar el precio que tenga que pagar por crear un ambiente familiar de armonía. Dios me habló hoy, y Él me prometió cosas maravillosas que quizá a ustedes no se las puedo explicar ahora, pero entendí el mensaje de parte de Dios y yo quiero vivir para verlo.

Si naturalmente estás pensando "la que me tiene que pedir perdón es mi mujer", o "el que me tiene que pedir perdón es mi marido", o "son mis hijos, son mis padres, quienes tienen que pedirme perdón"; tengo algo importante para ti...

¿Sabes por qué amas a Dios? Porque Él te amó primero, y los hijos de Dios tenemos que ser como Él. No esperes que nadie se te acerque a amarte primero y a asumir la iniciativa de pedir perdón. Hazlo tú, aunque sea "injusto" pedir perdón porque eres la persona que menos ha herido en la familia. Aunque tú seas la persona menos responsable del ambiente hostil que hay en tu casa, asume toda la responsabilidad.

Reflexiona:

1. Comprométete hoy, con firmeza, a crear un ambiente de armonía en tu hogar, junto a tu cónyuge y tus hijos. Sean obedientes a la Palabra de Dios y sus mandatos, que les hacen libres y garantizan paz, prosperidad y todas las bendiciones del Señor. De una manera específica, tomen acciones para crear el ambiente de paz y armonía, para gozar de la presencia de Dios en tu hogar.

_____

_____

_____

_____

2. No insistas en hacer tu propia voluntad, atreviéndote a juzgar como "injusto" el evangelio y aquello que te exige practicar con tu familia el verdadero evangelio del Señor. Sé un cristiano radical.

_____

_____

_____

3. Tienes el privilegio de acceder al Reino de Dios y como tal, te corresponde obedecer la Palabra por encima de tu humanidad, para implantar el Reino y el Amor de Dios en tu hogar primero, donde debes ser ejemplo e inspiración; e impartirlos con tu conducta a todo el que se acerca a ti.

_____

_____

_____

_____

_____

OREMOS PARA QUE EL SEÑOR NOS DÉ LAS FUERZAS PARA ASUMIR ESTE COMPROMISO.

Espíritu de Dios, no le temo al compromiso, quiero hacer tu voluntad, aunque cueste. Padre, te ruego que te enrolles las mangas y comiences a tratar con mi vida de una forma sobrenatural. Que no sean mis palabras en esa reunión, sino sean palabras puestas en mi boca por el Espíritu Santo mismo.

Te pido, Señor mío, que en medio de esa reunión hagas algo extraordinario, pero aun si no se diera lo extraordinario, dame la certeza y la convicción para esperar por el fruto, pagando el precio y amándote en esperanza contra esperanza.

Recibo tu bendición con toda mi fe, con todo mi corazón, en el nombre del Padre, del Hijo y del Espíritu Santo, amén.

Devocionales

Día 1

UNA FE RADICAL

No os unáis en yugo desigual con los incrédulos; porque ¿qué compañerismo tiene la justicia con la injusticia? ¿Y qué comunión la luz con las tinieblas?
—2 Corintios 6:14-15

REFLEXIÓN:

Dios nos llama a tomar decisiones basadas en su verdad, especialmente al formar nuestra familia. Elegir un cónyuge que comparta nuestra fe es esencial para cumplir el propósito divino y guiar a las futuras generaciones en los caminos de Dios. Aunque el mundo presione para comprometer nuestras convicciones, la fe radical nos invita a honrar a Dios y confiar en que Él proveerá todo lo necesario.

APLICACIÓN PRÁCTICA:
- Revisa si tus decisiones reflejan los principios de Dios.
- Permite que tu fe inspire a otros a seguir a Cristo.
- Confía en que Dios traerá a la persona correcta en su tiempo perfecto.

ORACIÓN:

Señor, enséñame a ser fiel a tu Palabra y a tomar decisiones que te glorifiquen. Ayúdame a confiar en

tu plan para mi vida y mi familia. En el nombre de
Jesús. Amén.

VERSÍCULO PARA MEMORIZAR:

*Pero sin fe es imposible agradar a Dios; porque es
necesario que el que se acerca a Dios crea que le hay,
y que es galardonador de los que le buscan.*
—Hebreos 11:6

Día 2

RENUNCIANDO A LA CULTURA FAMILIAR

"Pero Jehová había dicho a Abram: Vete de tu tierra y de tu parentela, y de la casa de tu padre, a la tierra que te mostraré. Y haré de ti una nación grande, y te bendeciré, y engrandeceré tu nombre, y serás bendición."
—Génesis 12:1-3

REFLEXIÓN:

Dios llamó a Abraham a dejar atrás su cultura familiar y confiar en Su guía para construir algo nuevo. De manera similar, Dios nos invita a abandonar patrones familiares heredados de nuestros, que no reflejan Su carácter. Esto no significa deshonrar nuestras raíces, sino permitir que el Espíritu Santo transforme en nuestra propia cultura familiar en armonía con los principios del Reino.

Cuando elegimos establecer una cultura familiar basada en el amor, la paz y el respeto según los valores de Dios, no solo somos bendecidos, sino que también marcamos el camino para las generaciones que vienen después de nosotros. Este cambio requiere valentía, compromiso y un deseo profundo de modelar a Cristo en nuestro hogar.

APLICACIÓN PRÁCTICA:
- Evalúa qué aspectos de tu cultura familiar necesitas cambiar para alinear tu hogar con los principios de Dios.

- Busca ser intencional en modelar el carácter de Cristo, especialmente en momentos de conflicto o desafío.
- Pide a Dios sabiduría y fortaleza para construir una nueva cultura familiar que glorifique Su nombre.

ORACIÓN:

Señor, gracias por llamarme a vivir conforme a tus principios. Ayúdame a renunciar a los patrones familiares que no reflejan tu amor, y a establecer en mi hogar una cultura que te honre. Guíame con tu Espíritu para ser un ejemplo vivo de tu gracia y verdad en mi familia. En el nombre de Jesús. Amén.

VERSÍCULO PARA MEMORIZAR:

Pero al principio de la creación, varón y hembra los hizo Dios. Por esto dejará el hombre a su padre y a su madre, y se unirá a su mujer, y los dos serán una sola carne; así que no son ya más dos, sino uno.
—Marcos 10:6-8

Día 3

SANAR EL DOLOR ACUMULADO

"Miserable de mí, ¿quién me librará de este cuerpo de muerte? Gracias doy a Dios, por Jesucristo Señor nuestro."

—Romanos 7:24-25

REFLEXIÓN:

El apóstol Pablo expresó la lucha interna entre el deseo de hacer el bien y la realidad de caer en el mal. Este conflicto no es único; todos cargamos con heridas y patrones que afectan nuestra conducta, incluso en nuestro hogar. Aunque podamos haber perdonado, el dolor no resuelto puede influir en nuestras acciones y relaciones.

Sanar comienza con llevar ese dolor a Dios, permitiendo que Su Espíritu revele las raíces de lo que aún duele. A veces, Él nos pide pasos difíciles, como escribir una carta o buscar reconciliación, pero obedecer trae verdadera libertad. En Cristo, encontramos la gracia para sanar y convertirnos en un testimonio vivo de Su amor, tanto para las generaciones pasadas como para las futuras.

APLICACIÓN PRÁCTICA:

- Pregunta a Dios si hay heridas ocultas que necesitan sanidad.
- Obedece las instrucciones que el Espíritu Santo te dé, aunque sean incómodas.

- Modela el amor de Cristo en tu familia, dejando un legado de sanidad y restauración.

ORACIÓN:

Señor, reconozco que hay áreas en mi vida que aún necesitan tu sanidad. Muéstrame las raíces de mi dolor y dame el valor para seguir tus instrucciones. Ayúdame a ser un reflejo de tu amor en mi hogar, sanando las generaciones pasadas y construyendo un legado de paz y restauración para las futuras. En el nombre de Jesús. Amén.

VERSÍCULO PARA MEMORIZAR:

Examíname, oh Dios, y conoce mi corazón; pruébame y conoce los pensamientos que me inquietan. Señálame cualquier cosa en mí que te ofenda y guíame por el camino de la vida eterna.

—Salmos 139:23-24 NTV

Día 4

SANIDAD INTERIOR FAMILIAR

"Bienaventurados los que lloran, porque ellos recibirán consolación.

Bienaventurados los mansos, porque ellos recibirán la tierra por heredad.

Bienaventurados los pacificadores, porque ellos serán llamados hijos de Dios."

—Mateo 5:4, 5, 9

REFLEXIÓN:

La sanidad interior comienza cuando permitimos que el Espíritu Santo nos guíe a enfrentar las áreas más profundas de nuestro corazón, esas que aún duelen. Perdonar y ser manso no son opciones, sino características esenciales de quienes desean caminar en el Reino de Dios. Muchas veces, este proceso implica ir más allá de nuestras fuerzas y aceptar el llamado de Dios para amar, bendecir y restaurar, incluso a quienes nos han herido.

Dios no nos llama a ignorar el dolor, sino a rendirlo en su presencia para que Él lo transforme en algo que glorifique su nombre. En nuestra obediencia encontramos libertad, sanidad y la capacidad de construir relaciones que reflejen Su amor.

APLICACIÓN PRÁCTICA:

- Reflexiona sobre áreas de tu vida donde aún sientas dolor o resentimiento.
- Ora para que el Espíritu Santo te muestre los pasos necesarios para perdonar y sanar.
- Da el primer paso, por difícil que parezca, confiando en que Dios te sostendrá y transformará tu corazón.

ORACIÓN:

Señor, reconozco que hay heridas en mi corazón que necesitan tu toque sanador. Ayúdame a ser obediente a tu Palabra, a perdonar a quienes me han herido y a amar como Tú amas. Guíame para que mi vida sea un testimonio de tu gracia y poder restaurador. En el nombre de Jesús. Amén.

VERSÍCULO PARA MEMORIZAR:

Sean comprensivos con las faltas de los demás y perdonen a todo el que los ofenda. Recuerden que el Señor los perdonó a ustedes, así que ustedes deben perdonar a otros.

—Colosenses 3:13 NTV

Día 5

EL YUGO FÁCIL:
HOMBRE MANSO, MUJER HUMILDE

"Venid a mí todos los que estáis trabajados y cargados, y yo os haré descansar. Llevad mi yugo sobre vosotros, y aprended de mí, que soy manso y humilde de corazón; y hallaréis descanso para vuestras almas; porque mi yugo es fácil, y ligera mi carga."

—Mateo 11:28-30

REFLEXIÓN:

El matrimonio es una escuela de carácter, donde el hombre y la mujer son llamados a moldearse conforme al corazón de Cristo. Para lograrlo, Dios nos invita a tomar su yugo, el cual se traduce en aprender a ser mansos y humildes de corazón. La mansedumbre no es debilidad, sino fuerza bajo control; y la humildad no es baja autoestima, sino la capacidad de honrar a los demás por encima de nosotros mismos.

En un mundo donde las diferencias entre el hombre y la mujer pueden ser motivo de conflictos, el Señor nos recuerda que dichas diferencias fueron diseñadas para complementarnos, no para separarnos. Cuando aprendemos a caminar bajo el yugo de Cristo, experimentamos una transformación que no solo trae descanso a nuestras almas, sino también paz y armonía a nuestros hogares.

APLICACIÓN PRÁCTICA:

- Hombres: Practiquen hablar con mansedumbre y ternura, especialmente en momentos de tensión. Reconozcan la importancia de liderar con amor y paciencia.
- Mujeres: Sean intencionales en mostrar humildad, respetando y edificando a sus esposos con palabras y actitudes que reflejen amor y gracia.
- Comprométanse juntos a crear un hogar donde la paz sea evidente, permitiendo que el Espíritu Santo moldee sus corazones cada día.

ORACIÓN:

Señor, enséñanos a llevar tu yugo fácil y a aprender de tu mansedumbre y humildad. Ayúdanos a reflejar tu carácter en nuestras palabras y acciones dentro de nuestro hogar. Que nuestro matrimonio sea un testimonio vivo de tu amor y paz. Moldéanos cada día y haz de nuestra casa un lugar donde tu presencia habite y sea manifiesta. En el nombre de Jesús, amén.

VERSÍCULO PARA MEMORIZAR:

Y sobre todas estas cosas vestíos de amor, que es el vínculo perfecto.

—Colosenses 3:14

Día 6

CUMPLIR CON EL DEBER CONYUGAL

"El marido cumpla con la mujer el deber conyugal, y asimismo la mujer con el marido. La mujer no tiene potestad sobre su propio cuerpo, sino el marido; ni tampoco tiene el marido potestad sobre su propio cuerpo, sino la mujer."

—1 Corintios 7:3-4

REFLEXIÓN:

La sexualidad dentro del matrimonio no es solo un derecho, sino también una responsabilidad sagrada. Dios diseñó el matrimonio como un lugar donde ambos cónyuges puedan satisfacer sus necesidades físicas, emocionales y espirituales en un ambiente de amor, respeto y compromiso mutuo. Este deber no debe ser entendido como una obligación pesada, sino como una oportunidad para reflejar el amor de Cristo al servir y cuidar de la otra persona.

Pablo nos recuerda que nuestros cuerpos ya no nos pertenecen solo a nosotros mismos, sino también a nuestro cónyuge. Esto no implica pérdida de dignidad, sino una invitación a la entrega mutua en amor. La clave está en entender y hablar el "idioma" de la otra persona, reconociendo las diferencias en las expectativas y necesidades. Cumplir este deber conyugal significa construir una relación donde el servicio y la compasión estén al centro.

APLICACIÓN PRÁCTICA:

- Conversa con tu cónyuge: Hablen abiertamente sobre sus necesidades y expectativas en el área de la intimidad. La comunicación es clave para fortalecer la relación.
- Cultiva el romance diariamente: Pequeños gestos de cariño, palabras amables y actos de servicio pueden preparar el ambiente para una relación más profunda y satisfactoria.
- Ora juntos: Inviten al Espíritu Santo a guiar esta área de su matrimonio para que sea un reflejo del amor y la unidad que Dios desea.

ORACIÓN:

Señor, gracias por el regalo de la sexualidad y el matrimonio. Ayúdame a honrar a mi cónyuge y a cumplir con amor y alegría mi deber conyugal. Enséñame a entender sus necesidades y a hablar su idioma para fortalecer nuestra relación. Que nuestra intimidad sea un reflejo de tu amor, y que juntos podamos glorificarte en cada aspecto de nuestra unión. En el nombre de Jesús, amén.

VERSÍCULO PARA MEMORIZAR:

No os neguéis el uno al otro, a no ser por algún tiempo de mutuo consentimiento, para ocuparos sosegadamente en la oración; y volved a juntaros en uno, para que no os tiente Satanás a causa de vuestra incontinencia.
—1 Corintios 7:54

Día 7

HONRA Y LEALTAD

"Asimismo, vosotras, mujeres, estad sujetas a vuestros maridos; para que también los que no creen a la palabra, sean ganados sin palabra por la conducta de sus esposas, considerando vuestra conducta casta y respetuosa... Vosotros, maridos, igualmente, vivid con ellas sabiamente, dando honor a la mujer como a vaso más frágil, y como a coherederas de la gracia de la vida, para que vuestras oraciones no tengan estorbo."
—1 Pedro 3:1-7

REFLEXIÓN:

La honra y la lealtad dentro del matrimonio no son simples conceptos, son fundamentos del diseño de Dios para la relación entre esposo y esposa. Este diseño no siempre es fácil de aceptar o aplicar, especialmente cuando las emociones y las expectativas personales entran en juego. Sin embargo, cuando decidimos alinearnos con la Palabra de Dios, experimentamos el poder transformador del Reino en nuestra vida matrimonial.

Para las esposas, la sujeción no significa perder su dignidad o identidad, sino demostrar un espíritu afable y apacible que honra a Dios y edifica su hogar. Para los esposos, la sabiduría para tratar a su esposa con delicadeza y honor desbloquea la bendición divina y evita que sus oraciones sean estorbadas.

Dios nos llama a vivir en un ciclo de honra mutua, donde el amor y el respeto no dependen de las acciones del otro, sino de nuestra obediencia a Él. Así como Cristo nos ama sin condiciones, nosotros debemos reflejar ese amor en nuestras relaciones matrimoniales.

APLICACIÓN PRÁCTICA:

- Esposa, reflexiona sobre la sujeción: Evalúa cómo puedes cultivar un espíritu apacible que inspire y edifique a tu esposo.
- Esposo, busca sabiduría divina: Pide a Dios que te muestre cómo tratar a tu esposa con honor y sensibilidad, especialmente en sus áreas de fragilidad emocional.
- Practica la escucha activa: Dedica tiempo a escuchar el corazón de tu cónyuge sin interrupciones, pidiendo al Espíritu Santo que te ayude a entenderlo.

ORACIÓN:

Señor, gracias por el regalo del matrimonio y por el diseño perfecto que has establecido para nuestra unión. Hoy me comprometo a caminar en obediencia a tu Palabra, honrando a mi cónyuge y buscando su bienestar por encima de mis propios intereses. Ayúdame a ser un reflejo de tu amor en mi hogar, cultivando un ambiente de paz, respeto y unidad. Renueva nuestro corazón y nuestra relación, para que juntos podamos glorificar tu nombre. En el nombre de Jesús, amén.

VERSÍCULO PARA MEMORIZAR:

Vosotros, maridos, igualmente, vivid con ellas sabiamente, dando honor a la mujer como a vaso más frágil, y como a coherederas de la gracia de la vida, para que vuestras oraciones no tengan estorbo.

—1 Pedro 3:7

Día 8

UN AMBIENTE DE PAZ Y ARMONÍA

"¡Mirad cuán bueno y cuán delicioso es habitar los hermanos juntos en armonía! Es como el buen óleo sobre la cabeza, el cual desciende sobre la barba, la barba de Aarón, y baja hasta el borde de sus vestiduras; como el rocío de Hermón, que desciende sobre los montes de Sion; porque allí envía Jehová bendición, y vida eterna."

— Salmos 133

REFLEXIÓN:

La armonía en el hogar no es un resultado automático; es una decisión intencional que demanda esfuerzo, madurez y un compromiso continuo. Dios se deleita en vernos vivir en unidad, no porque seamos perfectos, sino porque estamos dispuestos a practicar el amor, la paciencia y el perdón que Él nos modela.

En un hogar cristiano, la paz no depende de la ausencia de problemas, sino de la presencia de Dios. Ese ambiente de armonía es el espacio donde Dios derrama su gozo, su unción y su frescura. Es también el lugar donde los miembros de la familia se sienten seguros, amados y atraídos a la presencia del Señor.

Cuando decidimos ser pacificadores en nuestro hogar, estamos actuando como hijos del Reino. Esto significa que no devolvemos mal por mal, sino que respondemos con bondad y amor, aunque nos duela. Dios promete fortalecernos, traer unción a nuestro hogar y llenar nuestra casa de frescura, prosperidad y salvación cuando buscamos la armonía.

APLICACIÓN PRÁCTICA:

- Comprométete a ser un pacificador: Sé el primero en pedir perdón, incluso si sientes que no eres el culpable. Rompe el ciclo de hostilidad con humildad y mansedumbre.
- Crea un ambiente de armonía: Evalúa las actitudes y comportamientos que puedan estar trayendo "basura" al hogar y decide cambiarlos.
- Habla y escucha con amor: Dedica tiempo a escuchar a cada miembro de tu familia, sin juzgar ni interrumpir. Modela el amor de Cristo en tus palabras y acciones.
- Ora y busca la unción de Dios: Dedica tiempo a orar por tu hogar, pidiendo a Dios que fortalezca tu corazón y renueve la paz en tu casa.

ORACIÓN:

Señor, hoy me comprometo a crear un ambiente de paz y armonía en mi hogar. Ayúdame a reflejar tu amor en cada palabra y acción. Dame la fuerza para superar mis emociones y modelar tu carácter delante de mi familia. Espíritu Santo, llena nuestra casa de tu frescura, unción y bendición. Trae salvación y vida eterna a cada corazón en mi hogar. Confío en tu promesa de que donde hay unidad, allí derramarás tu presencia. En el nombre de Jesús, amén.

VERSÍCULO PARA MEMORIZAR:

¡Mirad cuán bueno y cuán delicioso es habitar los hermanos juntos en armonía!

—Salmos 133:1

Rey Matos es pastor general de UNO CHURCH (antes Catacumba5) en Añasco, Puerto Rico; ministerio reconocido por su enfoque en la familia. Su mensaje es práctico y pertinente a todas las facetas del hombre y la mujer de hoy. Rey es autor de *Señor, que mis hijos te amen, La mujer, el sello de la creación y La unción de David*, entre otros libros. Él y su esposa Mildred tienen 45 años de exitoso matrimonio, fruto del cual son sus dos hijos Frances y Rey Francisco; además, son abuelos de cuatro nietos.

www.reymatos.com

 psrey.matos

 ps.reymatos

REY MATOS

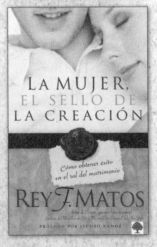

Te invitamos a que visites nuestra página web, donde podrás apreciar la pasión por la publicación de libros y Biblias:

www.casacreacion.com

Para vivir la Palabra